解码SWIFT

The Society for Worldwide Interbank Financial Telecommunication (SWIFT)

［英］苏珊·V.斯考特 Susan V. Scott
［英］马科斯·扎卡里亚迪斯 Markos Zachariadis ［著］
孙京雷 ［译］

中国财经出版传媒集团
中国财政经济出版社
·北京·

图书在版编目（CIP）数据

解码SWIFT /（英）苏珊·V.斯考特（Susan V. Scott），（英）马科斯·扎卡里亚迪斯（Markos Zachariadis）著；孙京雷译. -- 北京：中国财政经济出版社，2025.4

书名原文：The Society for Worldwide Interbank Financial Telecommunication（SWIFT）

ISBN 978-7-5223-2781-5

Ⅰ.①解… Ⅱ.①苏… ②马… ③孙… Ⅲ.①国际结算－研究 Ⅳ.①F830.73

中国国家版本馆CIP数据核字（2024）第034819号

责任编辑：潘　飞　　　　责任校对：胡永立

封面设计：MXK DESIGN STUDIO Q:1765628429　　　　责任印制：张　健

解码SWIFT

JIEMA SWIFT

中国财政经济出版社 出版

URL：http：//www.cfeph.cn

E-mail：cfeph @cfemg.cn

（版权所有　翻印必究）

社址：北京市海淀区阜成路甲28号　邮政编码：100142

营销中心电话：010-88191522

天猫网店：中国财政经济出版社旗舰店

网址：https：//zgczjjcbs.tmall.com

北京厚诚则铭印刷科技有限公司印刷　各地新华书店经销

成品尺寸：170mm×230mm　16开　13.5印张　185 000字

2025年4月第1版　2025年4月北京第1次印刷

定价：55.00元

ISBN 978-7-5223-2781-5

（图书出现印装问题，本社负责调换，电话：010-88190548）

本社图书质量投诉电话：010-88190744

打击盗版举报热线：010-88191661　QQ：2242791300

The Society for Worldwide Interbank Financial Telecommunication (SWIFT), 1st Edition
By Susan V., Scott; Markos, Zachariadis
ISBN：978-0-415-63164-8

目录 Contents

插图一览表 Illustrations

图

表

专栏

序言 Foreword

这本书是一套不断增加的全球机构丛书中的第83本。这些书是读者了解所谓的“国际管理”某些显著特征的权威性指南。令人惊讶的是，没有几本书能深入介绍这些著名的国际机构、它们的管理程序及其相关问题，更别说是完整的、简练的及互补性很强的丛书了。大部分读物不是已经过时了，就是一般读者不太能接触得到，或是仅仅介绍这些机构的某些特殊的方面或管理程序，而不是以一个逐渐强化的全球机构网络环境为背景，提供业务运转的全面介绍。同样的，现有的读物通常使用了大量专业术语或是“闭门造车”的产物，这些读物讨论的问题不宽，且多是为了作者的利益所撰写而非为了读者。

不用说，电子媒介可以使大家能更加容易地获得国际组织的信息及原始资料以帮助研究和教学，但同时，它也会使问题复杂化。具有讽刺意味的是，更大程度地依赖互联网以及其他电子手段来查找主要国际组织和所提供服务的信息，实际上限制了大多数读者可以随时查阅的教育及分析材料（即书籍）的使用。而公关文案、原始数据及不准确的网站推荐不能为研究分析提供有用的信息。官方出版物会与大量的网上信息相互竞争，很多这些信息因为意识形态或自我标榜的原因可信度不高。矛盾的是，越来越多的对某些组织的活动进行分析的自称是独立的网站开始出现，而始料未及的是，这阻碍了人们去获取基本的、权威的、具有可读性的、带有批判观点以及经过充分研究的文本内容。事实上，受易获取而质量各异的电子资料的冲击，这类产品市场已经萎缩。

对于那些在教学、科研及相关领域工作的人来说，他们并不满意那些接触到的信息及分析成果。我们很高兴几年前劳特利奇（Routledge）出版社意识到这套能够改变这种情况的丛书的价值，并向我们提供了一些最著名全球机构的重要参考信息。他们觉得认真的学生和专业人士可能希望获得严谨的分析。他们是正确的。我们为读者集结了一些顶级作家，并且丛书（包括纸质及电子版）的销量都不错。我们一直希望向所有希望了解国际管理主要内容的读者——学生（本科及研究生）、谈判者、外交家、非政府从业人员、政府间国际组织及对这个话题有兴趣的读者提供一站式的购买服务。

正像我们在别的场合说过的（我们在这套丛书里也说过），相对于那些国际组织，不隶属于任何国家的组织在世界政治中的影响力不断增加是当今全球治理框架中一个显著和重要的现象[1]。虽然这些组织已经吸引了我们很多的注意力，但这些组织的管理形式，以及促使这些民间组织出现的原因，至今还没有引起重视。尽管如此，正像格雷格·墨菲（Craig Murphy）和琼安·耶兹（JoAnne Yates）在他们那本关于《国际标准化组织》的书中展现的，非国家组织的管理形式一般比较复杂和广泛，并且在重塑我们周围世界的过程中发挥着重要作用[2]。

SWIFT既是非国家组织①，又是某种监管的服务供应商。SWIFT是金融服务领域的专有通信平台、产品及服务的提供者、信息标准的开发者及国际银行业务研讨会（SWIFT International Banking Operations Seminar，Sibos）的主办者；并且在过去几十年里一直是这样。SWIFT最初是为了克服低效率，并在国际支付时取代电报和电传系统，目前它已经成为全球金融服务基础设施的核心部分。它向212个国家和地区及超过1万家的银行、证券机构及公司用户提供服务。

但是，仅仅将SWIFT看作金融服务领域服务供应商是不正确的。同时，这种说法也没有反映出一个非国家协会/社团主导开发了一套高度先进和被广泛使用的通信方式及管理办法（这是所谓“渐进式全球治理”[3]的绝好例子）

① 英文为a non-state actor。Non-state统一译为“非国家”——编者注。

的详细情况。SWIFT向市场提供着“金融服务的互联网”（苏珊·V.斯考特和马科斯·扎卡里亚迪斯的说法），管理着45亿多份信息报文的收发服务。这是一个震撼的数字，特别是在金融服务行业之外的人从来没有听说过SWIFT这个名字的背景下。的确，SWIFT自己的数据也显示其2013年每日信息收发量在2 000万份左右[4]。正如本书作者及SWIFT指出的那样，虽然这些信息涉及金融交易，但SWIFT不是支付系统，而是为所有重要支付及证券基础设施提供信息传送服务的平台。

类似SWIFT这样的组织在重塑国际金融业务操作过程中所起的作用是毋庸置疑的。现在还不清楚的是，特别是那些对类似SWIFT这样的组织或国际金融根本不了解的人来说，这类非国家组织的组织形式和其自身的管理今后是否能继续发展以及能发展到什么程度。这就是为什么我们推荐所有对全球治理感兴趣的读者读一读这本书。我们的推荐因为下面的介绍文字变得比较容易被接受：苏珊·V.斯考特和马科斯·扎卡里亚迪斯写的这本书是关于SWIFT最好的读物。它结合实际数据进行深刻分析，为读者提供了一种理解“渐进式全球治理”方式的、令人信服的指南，而我们至今还没有找到对于这种治理方式足够有效的分析办法。苏珊是伦敦政治经济学院（The London School of Economics and Political Science）管理系信息系统和创新专业的预备教授（Reader），马科斯是华威商学院（Warwick Business School）信息系统及管理专业的助理教授（在写作这本书时）。由他们两个组成的写作团队具有很高的权威性。

很高兴将他们这本书纳入我们的丛书中出版，这对大学课堂的教学及认识非国家组织的管理发展非常有帮助。我们诚挚地向您推荐这本书，同时，一如既往欢迎您对此书进行评论。

托马斯·维斯（Thomas G. Weiss），美国纽约城市大学

罗登·威金斯（Rorden Wilkinson），英国曼彻斯特大学

2013年7月

Notes①

1 Thomas G. Weiss and Rorden Wilkinson, eds., *International Organization and Global Governance* (London: Routledge, 2014); Thomas G. Weiss and Rorden Wilkinson, "Rethinking Global Governance: Complexity, Authority, Power, Change" , *International Studies Quarterly*, 58, no. 2 (2014 forthcoming); Peter Willetts, *Non-Governmental Organizations in World Politics: The Construction of Global Governance* (London: Routledge, 2011); James G. McGann with Richard Sabatini, *Global Think Tanks: Policy Networks and Governance* (London: Routledge, 2011); Oliver F. Williams, *Corporate Social Responsibility: The Role of Business in Sustainable Development* (London: Routledge, 2013); and Catia Gregoratti, *The UN Global Compact* (London: Routledge, forthcoming).

2 Craig N. Murphy and JoAnne Yates, *The International Organization for Standardization: Global Governance through Voluntary Consensus* (London: Routledge, 2009).

3 Thomas G. Weiss and Rorden Wilkinson, "International Organization and Global Governance: What Matters and Why" , *International Organization and Global Governance.*

4 www.swift.com/assets/swift_com/documents/about_swift/SIF_2013_04.pdf.

① 此部分沿用英文原版注释（Notes），全书同。——编者注

致谢 Acknowledgments

这本书是受到麻省理工学院（MIT）的琼安·耶兹的启发而写的。她说我们搜集的关于SWIFT的资料可能对国际组织丛书的出版有帮助。我们对丛书的编辑托马斯·维斯（Thomas G.Weiss）和罗登·威金斯（Rorden Wilkinson）对本书的支持和对我们研究的兴趣表示感谢。我们也要对伯南多·拜茨–拉佐（Bernardo Bátiz–Lazo），马克·比林斯（Mark Billings）以及那些我们不知道姓名的审阅者从《商业历史》（*Business History*）期刊上摘引的关于SWIFT起源的反馈表示感谢。伦敦政治经济学院管理系信息系统和创新专业多年前为苏珊·V.斯考特开始关于SWIFT的研究提供了种子经费。对SWIFT的研究是对马科斯·扎卡里亚迪斯题为“历史、经济学及SWIFT的普及”的博士论文的延续（该研究成果于2011年发表在伦敦政治经济学院的学术期刊上），并获得经济效益中心（Centre for Economic Performance，CEP）的资助。我们感谢所有过去和现在不断向我们提供信息、鼓励和灵感的金融服务行业内的专业人员。

非常感谢SWIFT的哥特弗雷德·莱布兰特（Gottfried Leibbrandt），他为我们提供了一些独立研究经费，这很重要，因为它能让我们浏览档案材料以及在SWIFT位于比利时的总部进行采访。SWIFT的员工及管理人员对本书默默奉献，并尊重我们对本书内容的编辑，我们对此表示由衷的感谢。我们也要感谢那些抽空对我们的初稿提出反馈意见的SWIFT工作人员。特别要感谢SWIFT研究所的皮特·瓦尔（Peter Ware）这么多年对我们的支持以及玛丽亚－尤金娜·芙凯特（Maria-Eugenia Forcat），她是称职的沟通专家和团队核心。我们还要感谢帮助我们确认及获取原始历史文献的SWIFT法务部；感谢在查尔斯·巴贝基研究所（Charles Babbage Institute）、英格兰银行、斯坦福研究所、伦敦市政图书馆、伦敦政治经济学院图书馆以及巴克莱银行档案室帮助查找原始资料的专业档案人员。

这本书完全是由两个作者合作完成的。但如果出于学术原因，必须明确每个部分内容的撰写责任的话，则是：苏珊·V.斯考特完成的第1章、第2章、第5章及第6章，马科斯·扎卡里亚迪斯完成的第3章及第4章。

我们需要感谢卡罗琳·帕里斯（Carolyn Paris）对研究所提供的帮助以及为准备这本书的定稿所作出的贡献。苏珊·V.斯考特要感谢麻省理工学院的万达·欧利卡沃斯基（Wanda Orlikowski）对初定章节的意见。感谢娜坦亚·帕瑞丝（Natanya Paris）准备采访笔记。也要感谢我们忠实的同事，伦敦政治经济学院的克利斯安提·阿夫格鲁（Chrisanthi Avgerou）、剑桥大学的迈克尔·巴瑞特（Michael Barrett）、华威商学院的乔·那哈库玛（Joe Nandhakumar）在这个项目及我们同步学校工作过程中所给予我们的耐心与信任。最后，我们要特别感谢一直相信我们及我们学术工作的我们各自的家人。

缩略语 Abbreviations

ABECOR	Associated Banks of Europe Corporation	欧洲联合银行集团
ABN	Algemene Bank Nederland	荷兰通用银行
AMRO	Amsterdamsche and Rotterdamsche Bank	阿姆斯特丹－鹿特丹银行（1991年与荷兰通用银行合并后称作ABN AMRO）
ANSI	American National Standards Institute	美国国家标准学会
ATM	Automated Teller Machine	自动提款机
BBA	British Bankers' Association	英国银行家协会
BGA	Barclays Group Archives	巴克莱集团档案
BIC	Bank Identifier Code or Business Identifier Code	银行识别码或业务识别码
BINS	Barclays Integrated Network System	巴克莱的统一网络系统
BIS	Bank of International Settlements	国际清算银行
BP	Board Paper	董事会文件
BSC	Binary Synchronous Communication	二进制同步通信
CBI	Charles Babbage Institute	查尔斯·巴贝基研究所
CBT	Computer-Based Terminal	电脑终端
CEDEL	Leading bank-owned securities and depository system in bond clearing	西德尔清算系统［2000年与荷兰博斯清算公司合并成立国际结算系统（Clearstream）］
CEPT	Conference of European Post and Telecommunications	欧洲邮电通信协会
CHAPS	Clearing House Automated Payment System	票据自动支付系统
CISADA US	Comprehensive Iran Sanctions，Accountability，and Divestment Act 2010	2010年美国全面的伊朗制裁、问责和撤资法案
CLS	Continuous Linked Settlement	持续连接结算系统

续表

CPSS	Committee on Payment and Settlement Systems of the Bank of International Settlements	国际银行支付和结算系统委员会
CSV	Comma Separated Values	以逗号分隔数值的文本
CUG	Closed User Group	封闭用户群
DFD	Data Field Dictionary	数据区字典
DNS	Designated-time Net Settlement	指定时间结清头寸
DTCC	Depository Trust & Clearing Corporation	存管信托及清算公司
DWG	Development Working Group	开发工作小组
EBIC	European Banks' International Company	欧洲银行国际公司
ebXML	E-Business XML	电子商务扩展标记语言
ECB	European Central Bank	欧洲中央银行
EDIFACT	Electronic Data Interchange For Administration, Commerce, and Transport	行政、商业和运输的电子数据交换
EMI	European Monetary Institute	欧洲货币研究所
ER	Executive Report	执行报告
ETHZ	Swiss Federal Institute of Technology in Zurich	苏黎世联邦理工学院
FATF	Financial Action Task Force	反洗钱金融行动特别工作组
FAX	Facsimile	传真机
FIN	FINancial	金融信息（报文）
FISD	Financial Information Services Division	金融信息服务部
FIX	Financial Information eXchange	金融信息交换协议
FNCB	First National City Bank of New York	纽约第一国家城市银行，1976年改名花旗银行
FPL	FIX Protocol Ltd Fix	协议有限公司
FpML	Financial products Markup Language	金融产品标记语言
GEISCO	General Electric Information Services CO.	通用电气信息服务公司
GLM	Guildhall Library Manuscripts	伦敦市政图书馆手稿
HSM	Hardware Security Modules	硬件安全模块
HTML	Hyper Text Markup Language	超级文本标志语言
HVPMI	High Values Payment Market Infrastructures	高价值支付市场基础设施

续表

IFT	Interbank File Transfers	银行同业文件传输
IMF	International Monetary Fund	国际货币基金组织
IP	Internet Protocol	互联网协议
ISAE	International Standard on Assurance Engagements ISITC	国际安全保证程序标准
ISITC	International Securities Association for Institutional Trade Communication	国际机构贸易通信证券协会
ISO	International Organization for Standardization	国际标准化组织
LVFTS	Large-Value Funds Transfer Systems	大额资金转移系统
LVPS	Large-Value Payment Systems	大额资金支付系统
MAC	Message Authentication Code	信息验证码
MA-CUG	Member Administered-Closed User Group	会员管理的封闭用户群
MARTI	Machine Readable Telegraphic Input	机器可读的电文输入
MDDL	Market Data Definition Language	市场数据定义语言
MI	Market Infrastructures	市场的基础设施
MoU	Memorandum of Understanding	备忘录
MSP	Message Switching Project	信息中转项目
MT	Message Type	信息类型
MWG	Maintenance Working Group	维护工作组
MX	Message Type MX	信息文本
NASA	National Aeronautics and Space Administration	美国国家航空和宇航局
NBB	Banque Nationale de Belgique	比利时国家银行
NCB	National Central Banks	中央银行
NUG	National User Group	国家用户群
OAGi	Open Applications Group，inc.	开放应用程序集团
OASIS	Organization for the Advancement of Structured Infor mation Standards	结构化信息标准推进组织
OECD	Organization for Economic Cooperation	经济合作与发展组织
OTC	Over-The-Counter	场外交易
PKI	Public Key Infrastructure	公钥基础设施

续表

PTT	Post，Telegraph，and Telecom authorities	邮政、电报及电信管理部门
RA	Registration Authority	注册机构
RIXML	Research Information eXchange Markup Language	交换标记语言信息研究
RMG	Registration Management Group	注册管理机构
RTGS	Real-Time Gross Settlement	即时全额结算
SA	Société Anonyme	匿名组织
SC	Sub-Committee	小组委员会
SEG	Standards Evaluation Group	标准评估组
SEPA	Single Euro Payments Area	单一欧元支付区
SGB	Société Générale de Banque	兴业银行
SGML	Standard Generalized Markup Language	通用标记语言标准
SIA	Securities Industry Association	证券行业协会
Sibos SWIFT	International Banking Operations Seminar SWIFT	国际银行业务研讨会
SID SWIFT	Interface Device SWIFT	接口设备
SIIA	Software & Information Industry Association	软件和信息产业协会
SIPN	Secure Internet Protocol Network	安全互联网协议网络
SIPS	Systemically Important Payment Systems	系统性重要支付系统
SITA	Société Internationale de Télécommunications Aéronautiques	国际航空电信公司
SR	Special Recommendations	特别建议
SRI	Stanford Research Institute	斯坦福研究所
SSCP	SWIFT Security Control Policy SWIFT	安全控制政策
SWIFT	Terminal SWIFT	终端
STP	Straight-Through Processing	直通处理程序
SWIFT	Terminal Services SWIFT	终端服务公司
SVFT	Small-Value Funds Transfer	小额资金转移
SVPS	Small-Value Payment Systems	零售支付系统
SWG	Standards Working Group	标准工作组
SWIFT	Society for Worldwide Interbank Financial Telecommunication	国际资金清算系统

续表

TARGET2	Trans-European Automated Real-time Gross Settlement Express Transfer system	泛欧证券交割综合技术平台（由欧洲央行主导的欧洲自动即时全额结算快速支付系统）
TC	Technical Committee	技术委员会
TCP/IP	Transmission Control Protocol/Internet Protocol	传输层通信协议及网际互连协议
TFTP	Terrorist Finance Tracking Program	恐怖分子资金追踪计划
TNB	TransNational Banks	跨国银行
TWIST	Treasury Workstation Integration Standards Team	财务工作兼容标准团队
UANI	United Against Nuclear Iran	反对伊朗拥核联合组织
UBS	Union Bank of Switzerland	瑞士联合银行
UCLA	University of California Los Angeles	加州大学洛杉矶分校
UGC	User Group Chairperson	用户集团主席
UML	Unified Modelling Language	统一建模语言
UN/CEFACT	United Nations Center for Trade Facilitation and Electronic Business	联合国贸易促进与电子商务中心
UNCITRAL	United Nations Commission on International Trade Law	联合国贸易法委员会
UNIFI	UNIversal Financial Industry message scheme	全球金融行业信息计划
UNIVAC	UNIVersal Automatic Computer	通用自动计算机
VISA	Visa International Service Association	维萨国际服务协会
W3C	World Wide Web Consortium	万维网联盟
WG	Working Group	工作组
WPS	Wholesale Payment Systems	批发支付系统
XBRL	eXtensible Business Reporting Language	可扩展商业报告语言文本
XML	eXtensible Markup Language	可扩展标记语言信息文本

简介 Introduction

这本书向读者介绍一个在金融领域中被称为环球银行间金融通信协会（The Society for Worldwide Interbank Financial Telecommunication，SWIFT）的合作性质组织。在过去40多年中，作为专有的通信平台的经营者、产品和服务的提供者、标准的开发者以及国际银行业务研讨会（Sibos）的组织者，SWIFT一直为金融领域提供着相关服务。以一种更先进的方式替代电报及电传（或叫“电汇”[1]）以提高服务效率为目的而建立起来的SWIFT系统，目前已成为金融服务基础设施的核心组成部分，被公认是世界上最安全可靠的第三方金融信息报文系统，为212个国家和超过1万家银行、证券机构和企业提供着服务[2]。在其发展的每个阶段，SWIFT一直坚持行业合作的原则，从而有机会研究更为宽泛的金融服务业的全球化和治理主题。

SWIFT的基本功能是信息的传递，它是一个类似“金融服务的互联网”的全球平台系统。2012年，通过SWIFT发出和收到的信息报文超过45亿份[3]，其中包括传统支付及投资确认信息。2013年每天的金融信息交换量增加到2 000万次[4]。但特别需要澄清的是SWIFT不是支付系统，它是为大量重要支付及证券基础设施提供信息交换的服务系统。这让SWIFT成为目前全球金融信息及处理服务方面最需要的服务商，而它的这种合作机制设计是为降低类似服务带来的风险[5]。SWIFT公司章程规定，“公司的经营目标是为了公司股东的集体利益，探究、创建、使用和运营用于收发私人的、机密的、专有的金融信息所必需的电信、传输和路径工具”[6]。应该着重说明的是SWIFT不是银行，也不是结算或清算机构，它并不为其客户管理银行账户或持有资金。绝大部分的金融机构只是通过使用SWIFT来发送或接收跟金融交易有关的信息。同时，SWIFT也不永久保留通过其系统的信息，那些数据只在系统内保存一段有限的时间。SWIFT的责任就是向其会员机构提供系统、标准、产品和服务以使会员机构相互连接和交换金融信息。它跟公共互联网信息传输系统的区别在于：它因SWIFT内部技术故障导致的交易信息延迟而给客户造成的特定类别的损失，它承担有限责任[7]。金融服务从业人员纷纷表示，SWIFT最关键的作用是其提供安全的专有数据交换服务，即数据交换的可靠性、保密性和完整性。虽然有些从业人员认为SWIFT是金融领域内的关键营运资产，但另一些人却觉得它虽然有用，但本质上就相当于金融建筑物当中单调的“管道”系统。SWIFT发展到如今是“核心的但被看作是理所当然的（服务）”的历史，令人信服地阐释了，通过金融服务的标准化和产业化实现实践活动的制度化、规范化。在这本书里，我们将向您介绍SWIFT是如何从一个由封闭的银行“群体”为提高结算效率而发出的倡议发展到一个具有世界影响力的网络创新，并且其标准还在继续重塑金融服务。

正像麦肯尼（McKenney）和考普兰（Copeland）指出的：“没有多少企业打破了历史模式，并通过采用一种新的具有支配地位的信息处理设计来改变他们所处行业的。”[8]而SWIFT正是一个这样的公司，仅从这个角度来看，对它进行历史分析也是合理的。另外，具有合作性质的SWIFT在竞争领域内带来的变革性影响也是非常激动人心的。大多数对某个领域内变动的描述都忽略了行业合作的角色，它们只聚焦那些领域内逐利的企业及企业家。只有少数企业或企业家因寻找新的和改进了的产品、流程或重新设计组织架构以降低成本，更好地服务客户并产生更多的利润而受到赞扬。但这些努力也经常仅被描述成是企业内的公司战略规划、内部研究及市场拓展计划的一部分，或商业机构内随意的修修补补或员工试错行为的结果[9]。正像这本书所见证的那样，在金融服务领域发展的某个十字路口，有些机构的项目和方案的实施跟以利润最大化为经营目的的企业不同，它们只专注合作情境以便取得跨越式的改变。这种改变的动机、资金实力、组织保障及有效性是像SWIFT这样的机构普遍具有的特点。

机构设置并不是创新进程的唯一影响因素。过去的文献正确地强调了技术、管理、组织架构和行业状况因素[10]。比如，在某种程度上，基于计算机发展的如SWIFT网络及其标准的进展跟特定国家的历史是密不可分的[11]，也在不同程度上受到监管政策变化的影响[12]。显而易见的是，我们提出对SWIFT发展细节的认识，从其开始到现在所面临的挑战，揭示了在这个关键经济领域内的机构变化和商业转型对SWIFT发展所产生的特殊的动力。这一点很重要，因为令人惊讶的是，尽管人们普遍认为金融服务作为“几乎所有生产活动和大量消费活动的‘助推器’”，有着至关重要的作用，但对金融服务的创新却知之甚少[13]。缺乏对这一领域的研究确实是一个问题，因为我们知道“金融领域内任何的改进都会对社会全部经济活动产生积极的影响”[14]。20世纪70年代，当SWIFT服务刚被投放市场时，占主导地位的管理文献将其描述为肩负使命（事关做出一项宏伟设计）的高级管理层做出理性决策的必然成果在大多数情况下，建立在计算机基础上的信息及通信技术所能起的作用是可以确定的，不管出现什么技术，公司都会采用。但在现实中，商业发展是一个要求作出更多适应的过程：这个过程很少是由技术引领的，通常是历史突发事件以及政治角力的结果。当我们回顾了对SWIFT的研究结果，并看透了这个领域内的技术—创新的本质，我们就会知道金融机构喜欢“那些在给定条件下（能应对）感知到的风险和机会的解决方案技术”。那些技术，除了极个别的，建立在一些跟这个金融领域没多大关系的模型和架构上。目前，它们作为“解决方案”的地位已经发生了改变。当今，创新引擎会被纳入发展战略并且随着时间的推移已成为不可动摇的基础，因此更须根据实际情况进行必要的更新和改变。就SWIFT来说，虽然其作为可信赖的第三方平台的地位至今没有受到太大的挑战，但对它未来的质疑已经出现，这是需要积极加以应对的。确实，我们认为，全球化出现后，具有国际地位的机构自身地位上的弱点要求其在任何时候都要保持警惕、进行有效管理。

SWIFT的主要优势是其在一个竞争领域内提供合作机会的能力。在过去40多年里，SWIFT在金融服务领域实现了为其成员社区服务的使命，其服务方式反映了在多大程度上影响力可通过（行业内）咨询和（制定标准）委员会制定的管理核心基础设施、规则及标准来实现SWIFT在金融领域引人注目的普及和覆盖是不应被低估的成绩。不管怎么说，它这种程度的制度化是希望取得相似地位的其他替代方案所无法达到的。

SWIFT处在金融服务行业核心位置上以及作为国际上“具有持续的适应力”安全系统的口碑也给它的管理和设计带来了一定的压力。除了自“9·11”以来所有主要金融机构都有应急方案和稳健性的要求外，SWIFT发现在实施“恐怖分子资金追踪计划”的过程中和要求将伊朗逐出SWIFT系统的呼声中，它被拽进了国际关系角力的漩涡中。这使作为国际机构的SWIFT的未来变得非常复杂，由此也引出了很多的争论。

第1章介绍了SWIFT的起源，以便从历史的角度理解这个具有合作特点的组织。第2章介绍“SWIFT如何工作”及其组织、架构、业务和管理。第3章是关于SWIFT信息报文标准的发展，详细介绍了那些标准以及它们是如何反映金融服务行业不同利益需求的。制定标准跟系统设计及发展密不可分，所以第4章介绍了SWIFT的发展轨迹以及通过覆盖不同国家和地区，SWIFT是如何成为现在的全球性机构的。在本书中，我们会讨论SWIFT所面临的挑战，特别是其合作治理模式所面临的挑战。我们也会讨论SWIFT是如何和为什么被牵涉进国际关系事务之中以及它跟目前全球化进程之间的关系。在结论部分，我们会反思SWIFT研究的主要结论以及思考今后SWIFT研究的主要议题。

Notes

1 “Wire” was originally used to refer to a cablegram (a message sent by a submarine telegraph cable). However, it eventually became the generic term

for all payments made by either telegram or telex.

2 From http://www.swift.com/assets/swift_com/documents/about_swift/SIF_2013_04.pdf . See the following website for updated figures: http://www.swift. com/about_swift/company_information/swift_in_figures .

3 http://www.swift.com/assets/swift_com/documents/about_swift/SIF_2012_12.pdf .

4 http://www.swift.com/assets/swift_com/documents/about_swift/SIF_2013_04.pdf .

5 Dominique Rambure and Alec Nacamuli, *Payment Systems: From the Salt Mines to the Board Room* (Houndsmill: Palgrave Macmillan, 2008): 48.

6 SWIFT 2012, SWIFT Bylaws, 2012, June, Article 3: 4 (https://www2.swift.com/uhbonline/books/public/en_uk/swift_by_laws/swift_by_laws.pdf).

7 Responsibility and liability for SWIFT' s core ('FIN') is defined in their *User Handbook* . SWIFT accepts liability for direct loss. Direct loss is defined as: "A non-recoverable loss of funds representing the principal amount of authenticated payments or transfers, whatever the category or type of message sent through the FIN service." SWIFT liability for direct loss is EUR 150 000 000 in the aggregate for each annual period.

8 James McKenney, Duncan G. Copeland, and Richard Omason, *Waves of Change: Business Evolution through Information Technology* (Boston, MA: Harvard Business School Press, 1995): 1.

9 W. Scott Frame and Lawrence J. White, "Empirical studies of financial innovation: lots of talk, little action?" *Journal of Economic Literature* , 42 (2) (2004): 118.

10 JoAnne Yates, *Structuring the Information Age: Life Insurance and Technology in the Twentieth Century* (Baltimore, MD: Johns Hopkins University Press, 2005); Craig N. Murphy and JoAnne Yates, *The International Organization for Standardization (ISO): Global Governance through Voluntary Consensus* (London: Routledge, 2008).

11 Alfred D. Chandler Jr. and James W. Cortada, *A Nation Transformed by*

Information (Oxford: Oxford University Press, 2000).

12 See Alexandros–Andreas Kyrtsis, ed., *Financial Markets and Organizational Technologies: Systems Architectures, Practices and Risks in the Era of Deregulation* (Houndsmill: Palgrave Macmillan, 2010).

13 Frame and White, "Empirical studies:" 118.

14 Ibid.

15 Kyrtsis, ed., *Financial Markets*: 14.

16 Ibid., 9.

第1章　SWIFT的起源

- 代理银行业务与扩大了的国际贸易
- 业务信息传送与国际银行服务
- SWIFT项目及其管理方式
- 签约关键客户及全球推广SWIFT服务
- 既合作又竞争

SWIFT是建立了国际贸易核心业务基础、增加了跨境交流和为我们的全球体验创造了条件的国际组织之一。因此，它面对着来自有幸使用其服务的外部用户以及其内部会员要求其不断提升绩效水平的压力。要理解SWIFT对外部和内部目前和今后的要求做出的回应，我们有必要先了解一下它的过去。在这一章里，我们从历史的视角介绍SWIFT的发展。这可以帮助我们更好地理解它重要的组织形式特点：被一系列规则和责任夯实了的合作性质组织，这些规则和责任在SWIFT跟金融机构讨论其行动计划时可以用来支持它的观点。

我们首先简短地介绍一下从国际贸易、电子通信技术和银行服务领域汇集的压力如何促成了SWIFT的出现。显然，银行如果想满足市场对国际业务不断增长的需求，就需要改变现行的市场业务操作方式。可能的方式有很多种。在本章，我们将介绍促成这个主要的、自愿性银行同业合作倡议出现的诸多条件[1]。现在，SWIFT已在国际结算领域内占据着统治地位，关于它的建立和信息报文系统发展过程的那些惊险岁月似乎已远离我们。这里，我们详细分析一下导致SWIFT这个组织成立的事件并说明它成功的一部分原因就是它能在一个激烈竞争的历史时间节点上向市场提供一个经过谈判达成的妥协性服务协议。

SWIFT是那些热切地想抓住由扩大了的国际贸易带出的商机的跨国银行（TransNational Banks，TNBs）小集团考虑的众多选项中的一个。采用合作模式的管理方式后来被证明至关重要，这让SWIFT在今后跟竞争者争夺市场份额时能受到银行的青睐。

其结果就是，银行间因为竞争产生的紧张关系被集体合作所代替，这也导致前所未有的网络效应、技术交流以及知识交换的时代出现。

在20世纪70年代，大型信息项目的成功率比较低。我们在下文的第二部分会向您介绍SWIFT的发展是跟关键用户群愿意彼此分享现行的操作经验，制定大家能够接受的信息报文标准，开发系统接口，接受安全协议和安装同SWIFT系统相匹配的后台系统分不开的。那时，挑战伴随着每次SWIFT的发展，而缺少国际贸易协议、多重政府管辖的弊端以及盛行于当时国有邮政、电话及电报管理机构（Postal，Telephone，and Telegraph，PTTs）之内的保护主义思潮也让挑战变得更加严重。

如果SWIFT的初期成就是其成功的银行同业间的系统连接业务，那它对金融行业持久的贡献就是它开发和推广了信息报文标准。这将全球服务自动化推向被恰当地称为国际金融服务“工业化”的水平，而为实现金融交易飞速增长提供安全和稳定基础的SWIFT也因此成了国际银行业务系统创新最显著的代表。

代理银行业务与扩大了的国际贸易

SWIFT的早期历史跟不断提高的代理银行业务重要性密不可分。代理银行业务是指金融机构作为另外一个金融机构的代理人为其操作商业支付、接收存款或代收文件。20世纪70年代初，前所未有的国际贸易量使代理银行业务与支撑这个业务的通信系统之间的矛盾日益突出。以下，我们将以国际贸易发展为背景找出一个可以适应代理银行业务增长的系统，以便说明SWIFT出现的时间正好跟特殊的全球化出现的时间相吻合。

让我们以社会学教授罗兰·罗伯森（Roland Robertson）[1]对全球化的定义来开始我们的讨论。他说全球化就是“缩小了的地球和对世界就是一个整体更强烈的认识”[2]。现在看，全球化可能是个必然现象，但对那些经历过殖民统治和战后重建的人来说，贸易和交易量的增加会促成将许多国家和文化资源全都包括进去的全球经济的出现未免有些异想天开。国际贸易的发展轨迹并不平稳，它也有加速和减速阶段。在金本位时期（1870—1914年），资本流动不受限制并达到了新的高度。虽然这期间也有一些企图重建国际金融市场的举措[3]，但两次世界大战大大限制了跨国金融服务的境外拓展以致资本市场依然被牢牢地限制在各国的边境之内。

第二次世界大战刚结束，各国都将国际金融严格限定在国家政策领域以便将它置于可控的社会政策框架之内[4]。就像拉维·阿普杜拉（Rawi Abdelal）说的：“那时，国际金融的从业者都相信带有投机性质的短期资本（这种资本也被称为‘热钱.’拉维·阿普杜拉说美国总统罗斯福是使用‘热钱’描述资本流动的第一人）流动的破坏作用以及政府给予国际金融市场一定自主权的必要性。”[5]不久之后，一些规范贸易的重要协议被签署，紧跟着在20世纪50年代，伦敦成为欧洲美元（Euro-dollar）市场及英联邦商业发展的中心，这种情况也进一步促进了国际贸易的发展。但这根本算不上全球化进程，那时大家都同意各国的经济应该发展，但要依据各自定义的资本主义的版本发展[6]。

那么，是什么原因导致了国际贸易的扩张？SWIFT跟这些原因又有什么关系？一种观点是这段时间国际贸易周期的加速是由消费主导而不是政策主导的。换句话说，商业机构的发展快于本国市场的发展，因此，它们都在寻找海外扩张的机会。另外，需要为主要跨国项目筹集资金，比如1970年成立的需要大约10亿美元才能完成建设的欧洲空客集团（European Airbus），也进一步刺激了国际贸易的发展。但那时金融业务即使在某些地方有些“国际化”的色彩也仅仅是个例，同时，也没有积极主动和多层次规范的全球监管框架[7]。

这段时间，欧洲银行较之它们的北美竞争者承受着更大的压力，因为来自北美的银行受益于已经建立的可以提高支付速度和准确性的联邦贸易区域协议及国与国之间签订的协议[8]。相较于北美地区的商业活动，许多欧洲的商业活动都具有跨国和货币多样性的特点。所以，欧洲国家的银行试图通过彼此的合作，比如成立一些类似欧洲银行国际公司（European Banks' International Company，EBIC）[9]的银行“俱乐部”[10]，在一定程度上解决这个问题。这为银行深入参与国际商业活动奠定了基础，通过加入欧洲银行国际公司，银行可以在它的框架内成为这家银行集团公司的股东，从而避免或减少在其他国家建立分行的成本[11]。

虽然欧洲人非常担心因美国银行对欧洲市场的渗透给它们带来的挑战[12]。国际化的趋势让所有跨国银行都感受到了需要行动的压力，不管这些银行的股东是谁或它们的总部设在哪里。同时，鉴于当时的电传系统预计在不久的将来很快会被快速增加的业务量挤爆，银行业被迫且必须要进行创新。最终，促使了多家银行提出建立通信系统项目的倡议。

以上就是SWIFT成立之前的一些历史背景，这段时间见证了在巨大的战争灾难后重启国际主义趋势，借用杰弗里·琼斯（Geoffrey Jones）的话说，这种趋势是“第二次全球化”[13]。这段时间，公司需要对集中出现的突出的压力作出反应：合理化的程序、规范性的操作、协调一致的规则以及清晰明确的监管。通过汇集重要资源和发展可以同时充当载体、信息流及最佳操作资源的标准，SWIFT在这个过程中起了重要作用。它通过银行后台专业人员的集体努力创造出了一个全新的辅助性行业。

在我们的结尾部分，我们将再次讨论全球化并介绍SWIFT如何在目前的趋势[14]（比如重又出现的对跨国贸易的担心、监管的复活以及无处不在的地缘政治影响）中定义自己的位置。接下来，我们将我们的注意力转到被广泛认为跟过去、现在和未来的全球化纠缠在一起的一件事：通信技术。如果我们想理解SWIFT初始阶段的技术足迹及其信息报文标准的全球普及对金融通信业务的贡献，我们就需要先探讨一下报文与通信技术之间持续的相互依存关系以及国际银行业务。

业务信息传送与国际银行服务

银行间的电子信息传送可以追溯到1840年后期，那时电报的发明提高了不同市场之间的信息交流速度并且缩小了彼此距离很远的美国股票市场上的价格差别[15]。1866年建成的横跨大西洋的海底电缆极有助于整合纽约和伦敦两地的证券交易[16]。电报和电缆技术的发展使国内点对点的信息系统[17]得以出现，这种系统可以传送文字和数字相结合的信息，因此使银行总行和分行之间通过内部系统的交流得以加强。到19世纪末，当银行开始通过其代理银行处理国际交易的时候，国际通信技术正处于初期应用阶段[18]。

当信息传输线路和中转系统相结合并辅以打字机键盘的使用，发明第一个电传电报交换机，或被称为电传收发机网络的条件就已经具备。20世纪20年代，德国在研发领域处于领先地位，并且在1933年向市场推出了电子打印服务。第二次世界大战前，德国首次使用西门子（Siemens）和哈尔斯克（Halske）生产的信息交换设备向用户提供了点对点的自动拨号服务。之后不久，英国、法国、美国及加拿大也相继向市场提供了这项服务[19]。作为一种稀有的电子打印系统，它依托现有的可以同时接收通话和电子打印信号的电话线和电报系统来完成每次的信息交流[20]。

不久，电传的使用就在商业用户中超越了电报[21]。截至1957年，它已将

19个欧洲国家，18个拉丁美洲、非洲及泛太平洋国家和地区，以及美国和加拿大连接起来，并向超过3万个的不同用户提供国际信息收发服务。“电汇”银行对通过电报和电传汇款的叫法）由此在今后15年内成了国际支付的主要方式，全球约有100万个用户在使用这种信息收发方式[22]，且数量增长快速。

电传为银行的国际业务提供了一个基本的通信平台，有了这个业务工具，它们就有可能开始向外发展。电传服务极大地改进了信使（Courier）的服务效率。但即使如此，电传也有其与生俱来的局限性。一个跨国交易有可能需要超过10个往来电传，这种方式既昂贵又耽误时间。同时，当银行需要汇款时，认证程序必须要达到一定的安全程度，而这个认证程序是建立在手动计算的顺序测试密钥基础上的，因此增加了操作人员的工作强度[23]。以下是前花旗银行员工艾瑞克·赛普卡斯（Eric Sepkes）描述的他在20世纪60年代在花旗银行伦敦分行操作国际支付业务的经历：

在电传机上面有两个表，类似对数表……电传发送器会根据金额、货币种类和数量进行计算。之后，我们会使用那两个表来算出密钥以及测试电传结果……你必须通过人工为每个电传算出电传密钥……在你收到测试电传后，你必须通过逆向计算来确认收到的电传在传输和接收过程中没有被篡改过。你可以想象一下，每天如果没有几千也会有几百条电传信息被银行发出。这绝对是个劳动密集型的工作并且很容易出现人为错误……然后，你再想想成本[24]。

让事情变得更加复杂的是，因为发送者的不同，通过电话或电传线路收到的支付指令可能是使用任意格式的文本，包括用手写文本发送的。银行员工必须先要翻译那些手写的信息，然后再将它转给秘书。秘书收到“翻译”的信息后会将信息用打字机打在一张表格上，之后这张表格会发至认证/确认部门。这个人工支付程序很容易出现系统故障和错误（见专栏1.1）。

专栏1.1 花旗银行烟囱清扫事件

20世纪60年代，花旗银行伦敦分行是将手写的支付指令打在一张表格上，然后将这张表格经过几次对折后放入一个小罐，再通过真空管道将小罐送至楼上的认证/确认部门。某天，经过一个特别忙碌的上午，楼上支付部门的员工发现他们还没收到完成支付的指令。他们派了一个同事下楼询问，但发现楼下确认部门的员工很困惑，因为他们也一直在等确认信息。后来发现，两层楼中间的真空管道发生了堵塞。堵塞问题直到花旗银行请来烟囱清洁工清理了引起堵塞的装着支付信息的小罐后才得以解决。而那天欧洲的支付业务也是在堵塞被清理后才得以恢复。

Note

1. Anecdote shared by Eric Sepkes (interviewed by Susan Scott and Markos Zachariadis [in person], London, 13 November 2008).

虽然被广泛使用，但电传的局限性给银行业务带来很多不便：

处理信息能力：这是电传的主要问题。当交易量增加，国际电传系统就会变得非常拥挤。电传系统的速度是50波特或约每秒8个字节。这就让提高效率的空间受到了限制。

自由的格式：电传没有固定格式，用户可以发送任何他觉得对处理交易有用的信息，这就意味着这些信息需要人工处理以便完成交易。而人工处理容易出错并且成本也比较高，同时也阻碍了系统自动化的进一步的发展。

缺乏安全保障：电传使用公共线路，银行不能完全掌控传输过程（或传输过程中信息的安全）。代理行之间的电传认证程序（密押）复杂并且耗费时间，这会导致代价高昂且低效率。

伴随着交易量的增加，靠人工操作的电传传输信息方式显然已经限制了银行业务的发展。这种情况也促使一些银行开始思考替代方式。接下来，我们会讨论有哪些竞争性的动力在SWIFT形成过程中发挥着作用，并且介绍为什么另外一个SWIFT的竞争项目MARTI（Machine Readable Telegraphic Input）会促使大家加入SWIFT。

SWIFT项目及其管理方式

为国际支付业务在跨国银行之间建立私密通信系统的想法在20世纪60年代末已经开始流行[25]。因为银行需要保证传送信息的安全以及新的系统必须能够处理增加的业务量，所以这个系统不能再继续使用公共线路。那时，银行还担心各国的邮政、电报及电信管理部门可能会强势推行限制今后银行业务发展的根据信息报文数量收费的费率政策[26]。其结果就是银行发现它们自己成了“拓荒者”：通过使用从邮政、电报及电信管理部门租借来的线路及卫星设施来发展自己私营的专利信息报文传送系统。除了开发私营和安全的国际通信系统，银行还必须接受和支持一个为国际金融交易设计的信息报文格式。这个银行共享的信息报文系统的设计必须兼顾今后增加的国际支付业务量及降低操作风险（比如，降低出错率，提高安全性及稳定性）的需要。

领衔这个具有战略意义开发项目的银行包括美国的第一国家城市银行（The First National City Bank）、美国银行（Bank of America）、大通曼哈顿银行（Chase Manhattan），欧洲的巴克莱银行（Barclays）、劳埃德银行（Lloyds）以及米兰银行（Midland Bank）。考虑到今后的业务发展和由国际支付自动化产生的成本节约，银行公开了它们的开发资源并同时启动了多个项目。使用战略押注作为是否参与技术创新项目依据从20世纪60年代末到90年代初很流行。那时，主要金融机构都建立了自己正在投资的战术项目组合，它们同时投资不同的甚至是相互竞争的项目以期将来至少能有一个项目即使不盈利，但会对银行的支付业务有所帮助[27]。

寻找内部IT项目供应商的最后决定过程包括建立和评估技术、投标机构标准。这经常会引起某些问题和不愉快。当可替代的基础设施项目需要在行业内推广和使用时这些问题就会被放大。因此，在行业内获得关键用户和在全球推广使用具有历史意义，也值得进一步了解。

这个时期，数量不多的跨国银行在国际市场上围绕不同机构之间的不同货币交易相互竞争。这意味着交易量大的几家银行由于规模经济的原因可以实现可观的成本收益，因此，这几家跨国银行也积极参与银行业务的相互磋商。而之后联营银行和合资银行的建立不但可以向参与银行提供进入海外市场的机会，同时也可以为开发项目聚拢各个银行的资源。

在欧洲，银团，比如欧洲银行国际公司（European Banks' International Company，EBIC）以及欧洲联合银行集团（Associated Banks of Europe Corporation，ABECOR，这个银行集团于1970年成立）[28]，决定对银行业务做一次创新[29]。它们召集了68家美国和10家欧洲国家的银行开始了一个“银行国际信息中转项目”（Message Switching Project，MSP）[30]。这个项目的目标包括：

- 探讨为国际支付业务和参与银行之间传送相关信息，建立国际通信系统的可行性。
- 计算这个系统的成本并向各个银行提供适当信息，以为它们决定是否参与这个项目提供依据。
- 准备功能概述说明书，以为系统供应商提供详细标书的依据。
- 提供决定机构形式的原则和所需资金的来源（如果决定启动这个项目）[31]。

虽然信息中转项目是银团集体努力的结果，但来自荷兰银行（ABN）的荷兰银行家约翰内斯·克拉（Johannes Kraa）在其中起了重要的作用，并且来自巴黎联合银行（Banque de l'Union Parisienne）的弗朗索瓦·登茨（François Dentz）对他的支持也不应被低估。欧洲的银行家可能曾经主导过这个项目，但要使这个项目具有全球性的一个基本条件是大量成功的政治操作。

与其说服欧洲伙伴通过叠加系统的方式在技术领域进行竞争，不如大家一起创造一个什么东西，在此过程中约翰内斯·克拉的作用非常关键。一些重要人物相信欧洲的确必须行动起来。开始没几个欧洲人愿意邀请美国人参与这个项目。但之后他们被说服了，因为大家都知道如果没有美国人的参与，这个项目永远不会成功，并且，他们成功地说服了美国人来参与这个项目。我不确定美国人完全确定他们应该参与。但他们说："咱们等着瞧，看看能发生什么事情。我们先参与进来，看看这个信息系统是怎么工作的。如果项目成功了，我们就得想想我们能从这个项目上获得什么好处；如果失败了，我们也不会有多大损失。"[32]

克拉不但积极宣传银行应该在国际层面自己组织起来，并在行业内建立一个由自己开发的标准支撑的信息系统以替代公共电传服务，他还设想成立一个由银行所有的可以平衡控制、管理认证、公开和双赢的组织[33]。但是代表这个项目管理特点的"公开性"程度却成了争议的话题。虽然克拉坚定地支持项目的普惠原则（使所有会员受益），但参加讨论的其他银行，比如美国的第一国家城市银行（虽然加入了欧洲的信息中转项目，但这家银行自己也在研发跟这个项目相竞争的报文系统并且正在寻找能够主宰市场的信息报文标准）[34]，并不赞成他的这种原则。

为了推进这个项目，银团在1971年决定为信息中转项目雇用外部咨询公司来探索不同的机构管理模式和技术设计。咨询内容分成两部分：一部分涉及技术的，交给了位于伦敦的洛基卡咨询公司（Logica Consultancy）；另一部分涉及法律和机构组织架构的交给了非营利性机构斯坦福研究所（Stanford Research Institute，SRI）。对斯坦福研究所的法律和组织架构咨询委员会[35]来说，选择未来机构的法律形式跟总部所在地密切相关，因为不同地区对责任和利润分配的规定有所不同。外交努力的结果使在纽约和伦敦这两个激烈竞争城市之外还需要第3个选项。开始，阿姆斯特丹被推举出来，但布鲁塞尔因其稳定的"社会环境"及监管、法律和财政优势最终获胜[36]。斯坦福研究所于1972年向银团提交了咨询报告，这份咨询报告支持了克拉以社区为中心的设想。

决定在比利时建立机构后，斯坦福研究所的法律咨询团队面临两个机构形式的选项：国际联盟或合作组织[37]。虽然国际联盟是个相对省钱的选项，考虑到SWIFT在商业领域内的业务特点以及国际联盟明显的慈善特征，斯坦福研究所建议选择合作组织（比利时政府对国际联盟这种组织形式的合法收入管理很严，但对合作组织的就要灵活得多）。斯坦福研究所不但认为欧洲支付信息报文系统可行，他们还支持未来这个系统应该具有全球辐射力，并且强调机构之间支付及通信标准化的重要性。

1973年5月3日，星期四，SWIFT[38]按照比利时法律，以合作组织的形式在比利时成立。作为信息中转项目指导委员会主席和创建SWIFT的核心人物，约翰内斯·克拉被选为SWIFT董事会的第一任主席[39]。1973年10月前，卡尔·雷乌特舍尔德（Carl Reuterskiöld）被任命为总裁（相当于现在的首席执行官）。创始高管包括负责运营的雅克·塞尔沃（Jacques Cerveau）、负责财务的贝赛尔·科克（Bessel Kok）、负责设备的杰克·提雷（Jack Tilley）以及负责服务的哈利·斯蒂尔（Harry Steele）（表1.1和表1.2是SWIFT成立之后历任首席执行官及董事会主席名单）[40]。至此，SWIFT组织及技术的识别标记已经建立完成。它将总部放在国际城市布鲁塞尔，不光影响着SWIFT的组织机构形式，同时也因为这个城市有能说不同国家语言的常住人口，SWIFT希望使雇用能用不同语言跟世界各地会员进行交流员工的做法常态化。建立之初，SWIFT总共有239家会员银行，分布在世界15个国家，同时，它也在努力描绘着它未来的全球技术版图。到1974年年末，首个信息报文系统设计宣告完成。在给供应商的招标信息发出后，飞利浦（Philips）、国际电话电报公司（ITT）、柯林斯无线电（Collins Radio）及巴勒斯公司（Burroughs Corporation）开始竞标。最后巴勒斯公司被选中，向SWIFT提供计算机设备并提供安装系统的服务。从技术复杂性的角度看，巴勒斯的产品也许并不是最好的选项，但它在提供升级范围及增加系统容量方面能力最大，这对一个需要快速发展和以在全球获得关键用户群为目标的系统来说至关重要[41]。

SWIFT为今后的发展做了一个重要决定，那就是从邮政、电报及电话公司那里将开发信息通信系统的主导权拿过来，但要获得系统的长远收益还得取决于是否能实现建立关键用户群的目标。

表1.1 SWIFT历任董事会主席（1973—2006年）

时间	姓名	国家
1973—1974年	约翰内斯·克拉（Johannes Kraa）	荷兰
1974—1976年	弗朗索瓦·登茨（François Dentz）	法国
1976—1984年	赫尔默·哈塞布莱德（Helmer Hasselblad）	瑞典
1984—1989年	罗伯特·摩尔（W. Robert Moore）	美国
1989—1992年	理查德·弗里德里希（Richard Fröhlich）	奥地利
1992—1996年	艾瑞克·齐尔顿（Eric C. Chilton）	英国
1996—2000年	让-玛丽·魏德特（Jean-Marie Weydert）	法国
2000—2006年	杰普·坎普（Jaap Kamp）	荷兰
2006年	雅瓦尔·沙赫（Yawar Shah）	美国

表1.2 SWIFT历任首席执行官（1973—2012年）

时间	姓名
1973—1983年	卡尔·雷乌特舍尔德（Carl Reuterskiöld）
1983—1991年	贝塞尔·科克（Bessel Kok）
1991年	雅克·塞尔沃（临时首席执行官）（Interim CEO Jacques Cerveau）
1992—2007年	莱昂纳德·施朗克（Leonard H. Schrank）
2007—2012年	拉萨罗·坎波斯（Lázaro Campos）
2012年	哥特弗雷德·莱布兰特（Gottfried Leibbrandt）

签约关键客户及全球推广SWIFT服务

回顾过去，我们发现在SWIFT成立后的40年里它开发了标志性的信息报文标准并通过其报文系统将全球数以千计的用户联系起来。人们可能会想，如果银行接受了信息中转项目，他们就会从此跟SWIFT相互合作了吧。但如果我们了解了信息中转项目所处的历史环境，我们就会发现实际情况并不是这样。事实上，很多原因都有可能导致SWIFT的失败，而其中最严重的是它要面对来自银行的竞争者以及获取关键用户群的挑战。

不管是过去还是现在，银行都有拒绝改变的倾向，但作为一个传统机构，它们又都会为自己的业务，不管是在银行内部还是在国内市场上不吝投入。这在洛基卡咨询公司在SWIFT成立前组织的以收集银行对信息格式、安全和系统技术的想法为目的信息中转项目用户群及国际工作会议上表现得非常明显。比如，在1975年6月举办的巴克莱计算机研讨会上的一份报告就是这种情况，SWIFT项目团队代表回忆道：不出意外，那些银行用户提的建议引起了国际讨论和不同意见。每个国家都想将它们自己的标准强加给其他国家。即使来自同一个国家的不同银行，它们之间的观点也相去甚远[42]。

最后推动跨国银行使用SWIFT服务的动力来自一个意想不到的“盟友”。我们前面介绍过，虽然美国的第一国家城市银行投资参与了SWIFT信息中转项目，但它也在继续考虑其他的战略选项。事实上，他们同时“押注”[43]了多个项目以保证今后他们在争取项目收益时能处于一个绝好的位置。1973年，就是SWIFT成立的那年，第一国家城市银行的一家子公司交易技术公司（Transaction Technology Inc.）[44]，开发出了一个被称为MARTI（Machine Readable Telegraphic Input，机器可读的电文输入）的专利信息报文标准。到1974年中期，这个报文标准系统已经准备就绪，同时这个系统也在第一国家城市银行的一个代理行威明顿信托（Wilmington Trust）[45]内开始试用。

在一个后来被认为是关键性的决定中，第一国家城市银行内的国际银行部为使用他们的标准采取了“要么使用，否则……”的策略，他们要求其他银行必须在1975年3月31日前决定是否使用这个信息报文标准[46]。许多代理银行，特别是那些欧洲的代理银行，对强加给他们这个专利报文标准非常不舒服。银行家雷纳托·波罗（Renato Polo）回忆道：

美国人告诉我们："我们建议你们从现在起就使用我们的报文标准（MARTI），如果你们拒绝，我们今后就不会操作你们发给我们的支付指令。如果你们的指令不通过我们这个报文系统发送而是通过电传发送，我们将退回你们发来的电传。如果你们把指令邮寄给我们，我们将把它们放入一个大信封，然后给你们寄回去。"别的银行可能会采取完全不同于第一国家城市银行的做法……我的意思是说，他们要么向美国的银行低头，然后受制于它，但没有一个正常的人想这么做；要么就对美国人说"不"[47]。

第一国家城市银行的最后通牒给国际银行关系带来了危机，这个危机对正在努力建立自己用户群的SWIFT来说是个有力的帮手。"平台着火了"是商界对处于危险境地必须立即采取极端行动常用的形象说法。当第一国家城市银行试图将一个由私营企业为了商业目的开发的报文标准强加给其代理银行时，SWIFT正在提供一个建立在合作共有基础上的会员网络以及由多个私营企业为服务这个会员网络集体设计的标准，结果就是大批银行选择了SWIFT。截至1975年底，其会员从开始参与信息中转项目的68家银行激增到1975年末的270家银行，这些银行分布于15个国家。雷纳托·波罗（Renato Polo）这样描述当时的情形：

SWIFT的妙处就在于，它定义了一个通过妥协可以达到目的的局面：信息报文的发送者不可能强迫信息报文的接收者做他们不想做的事；同样，信息报文的接收者也不可能强迫信息报文的发送者做他们不想做的事。所以要想使报文能被双方接收，发送者和接收者都需要修改内部的输出及输入程序以便使用一个统一的标准信息报文格式。[48]

虽然基础已经打好，但在SWIFT能够正式推出其信息报文服务前，很多系统及标准开发工作还有待完成。20世纪70年代一个比较常见的IT行业瑕疵是过度机械化的商业操作模型，这表明由于开发人员缺乏商业操作知识导致的不全面的商业分析及在模型中被错配了的用户要求。SWIFT的优势在于它的信息系统开发团队有着清晰的目标并且高度贴近今后系统的使用者。

SWIFT的会员银行跟其信息系统开发团队相比具有相同的视野、需求及对系统的要求[49]。他们的最终目标高度一致，即替代电传和推动点对点的国际金融交易自动处理进程。

虽然有关系紧张的时候，但SWIFT的早期员工认为那段时间是充满希望的时期，大西洋两岸的会员机构展现出极大的参与热情，他们都希望能通过集体合作促成这个项目平稳发展。常被认为是“二等公民”的银行后台人员也因此有了出差的机会，他们可以跟其他银行的同行聚会并建立他们自己的关系网，同时为创新提供他们的专业建议。

我们会寻找任何可以跟同行们见面、交换想法和获得提示的机会……如果有问题，他们就会给可能是他们竞争对手的银行同行打电话说：伙计，我正在安装SWIFT系统，但遇到了些问题……对方也会帮他解决问题，这都是免费的，这在这个行业的发展历史中罕见[50]。

作为这个集体项目的协调者和受益者，SWIFT成了开发信息报文标准及系统的主要场所，这也确保了它在其他项目可能失败的背景下能继续发展。1977年5月9日，当时的亚伯特王子（Prince Albert，现在的比利时国王）发出了SWIFT服务上线后的第一份报文[51]。同年，美国第一国家城市银行关闭了它的信息报文标准（MARTI）项目。

既合作又竞争（竞合，Co-opetition）

纵观银行业发展的历史，每家银行都会面对跟其他银行之间的竞争及合作关系。我们认为SWIFT是将这两种关系融合在一起的典范[52]，即使银行在一个平台上既合作又竞争。SWIFT系统并不是为了消费者和供应商之间的买卖关系而开发的，它是为代理银行和不同银行间的业务合作开发的，人们也可以把SWIFT系统称作银行业务的辅助系统[53]。它体现着同时创造和获得机构收益的操作。在这个过程中，参与机构同时扮演着多个角色，有时它们相互竞争，有时相互合作或为对方提供帮助。

换言之，随着国际贸易的发展，虽然各家银行竞争激烈，但它们也都意识到，自己的客户将更看重是否可通过自家银行而使用其他银行的服务，而非只享受自家银行的服务。既合作又竞争（竞合）需要分享可以创造潜在竞争优势的知识，需要认识到分享而不是独占资源会获益更多。就SWIFT来说，银行通过分享它们业务程序技术细节获得的好处比不分享要多得多。这种集体创新和集体创造精神也反映在目前SWIFT的宣传资料中：

SWIFT是一个会员所有的组织，通过这个组织，金融行业可以以更快的速度、更高程度的稳定性及自信操作其业务。分布在212个国家的超过1万家的金融机构和公司每天都使我们相信交换数以百万计的标准化了的交易报文。这个过程包括在确保保密和完整的前提下保证专有信息的安全交换。

我们的作用是双重的。第一，我们向市场提供可以将用户联系起来和相互交换金融信息专利的安全和稳定的通信平台、产品及服务。第二，我们也是将金融行业从业人员汇聚起来以共同改进市场操作方式、定义业务标准及考虑彼此所关心问题的解决办法的召集人。

SWIFT使其用户金融交易自动化成为可能，从而降低了业务成本和风险并根除了业务的低效率。通过使用SWIFT服务，用户可以发现新的商业机会和收入来源[54]。

在下一章中，我们会具体讨论SWIFT信息标准的发展并展示它在金融服务“工业化”进程中所扮演的角色。标准化是自动化的先决条件，就像我们将要讨论的，高效的直通处理程序（straight-through-processing，STP）是其中的一个重要因素，因为它在降低成本的前提下提高了系统处理能力和处理速度，并且通过将不同的金融价值板块连接起来的方式为行业实现了更多的收益。最终，既竞争又合作的关系不仅是一种工作方式，同时它也强调了需要通过开放机会以做大“蛋糕”[55]从而使参与者全部受益的信念。在整个过程中，企业既是“蛋糕”的创造者，也是它的享用者。

小 结

SWIFT是因应代理行共同需要，替代大部分由银行员工人工使用低速的公共电信服务完成信息传送业务，代之以一个安全的私营通信自动支付服务系统以支持20世纪70年代每天都在增加的国际贸易需求出现的。SWIFT的信息报文标准的推广逐渐重塑了银行后台的业务程序，通过提高效率保证了银行的营运业绩并帮助银行降低了营运成本。在它成立之后40多年的时间里，SWIFT会员范围已经扩展到证券、市场基础设施[56]及企业财务领域，它已成为全球金融服务领域重要的基础设施核心，是世界最值得信赖的第三方系统平台，统治着国际支付业务，是国际标准化组织（International Standards Organization，ISO）的代理机构、银行国际业务研讨会（Sibos）的组织者；同时，它还开发了多项产品并向金融机构提供培训服务。作为合作组织的中心，SWIFT经常参与辩论（接下来我们也会讨论这方面的情况）。但它的一些成就也引起过争议。在下一章中，我们将介绍SWIFT是如何工作的以及其组织架构、业务及其管理情况。

Notes

1 Alec Nacamuli describes SWIFT as “the last major inter-bank initiative that was not regulation led” (interviewed by Susan Scott and Markos Zachariadis [in person], London, 17 February 2012). Some formal discussions were taking place: for example, on 28 October, 1974, Congress established the EFT Commission to enable it to understand better the rapidly expanding EFT industry. It instructed the 26-member commission to study “the possible development of public or private electronic fund transfer systems” and to recommend appropriate Congressional action. However, it is clear that

the decisive momentum to organize SWIFT came from within the banking community, not from regulators.

2 Roland Robertson, *Globalization* (Thousand Oaks, CA: Sage, 1992): 8.

3 The Bretton Woods conference in 1944; the General Agreement on Tariffs and Trade in 1947; the establishment of the European Economic Community in 1958; and the formation of the European Free Trade Association in 1960.

4 See Rawi Abdelal, *Capital Rules: The Construction of Global Finance* (Boston, MA: Harvard University Press, 2007).

5 Ibid., 1–2. Abdelal goes on to note that "The origins of the expression 'hot money' can be traced to a speech President Franklin D. Roosevelt gave in November 1936, the first time the phrase was used to describe financial flows" (ibid.): 231.

6 Ibid.

7 See Eric Helleiner, *States and the Reemergence of Global Finance: From Bretton Woods to the 1990s* (Ithaca, NY: Cornell University Press, 1996).

8 Such as Bankwire, Fedwire, CHIPS, and a small number of intra-bank networks. For comparison, the most significant EFT in the UK was the Bankers' Automated Clearing Services (BACS), a "not-for-profit, membership based, industry body" responsible for the clearing and settlement of automated payments. Owned by 15 of the leading UK and European banks and building societies, BACS began operations in 1968.

9 Richard Tilly notes the following: "In the 1960s, there was growing interest in international alliances with a view to promoting foreign business. In 1963, Deutsche Bank was the first German bank to enter into a loose cooperation, in the form of a European Advisory Committee, with three other banks–the Dutch Amsterdamsche Bank N.V. (later Amsterdam-Rotterdam Bank N.V., Amrobank) Amsterdam, the British Midland Bank Ltd, London, and the Belgian Banque de la Société Générale de Belgique S.A. (later Société Générale de Banque S.A.) Brussels. A management company, European Banks' International Company S.A. (EBIC), was set up in Brussels as the

institutional framework, in October 1970, with a capital of $2 million. The Austrian Creditanstalt–Bankverein (Vienna) and the French Société Générale (Paris) joined in 1971, followed in 1973 by the Italian Banca Commerciale Italiana (Milan)" ("A short history of the German banking system" , in *Handbook on the History of European Banks* , ed. Manfred Pohl and Sabine Freitag (Aldershot: Edward Elgar, 1994)): 385–6.

10 Membership of EBIC was reported to be as follows: Amsterdam–Rotterdam Bank; Banca Commerciale Italiana; Creditanstalt–Bankverein; Deutsche Bank; Midland Bank; Société Générale de Banque (Belgium); Société Générale (France) (Jenny Ireland, "Groups overtaken by international banking," *The Financial Times* , 10 May 1982). During the 1970s, EBIC was involved in the formation of the Banque Européenne de Créditὰ Moyen Terme (Brussels), the European–American Banking Corporation, the Euro–Pacific Finance Corporation, the European Banks International Company, the European–Asian Co. London, and the European–Asian Bank (see Philip L. Cottrell, "The historical development of modern banking within the United Kingdom," in *Handbook on the History of European Banks* , ed. Manfred Pohl and Sabine Freitag (Aldershot: Edward Elgar, 1994): 1158). Contemporaries sometimes referred to EBIC as "the Bachelors Club because of their already existing joint ventures in a state of independence" (see Clyde H. Farnsworth, "European financial groupings: banks join forces to meet need for capital" , *The New York Times* , 8 November 1970).

11 Ibid.; Cottrell notes that ultimately these collaborations broke down "as members of the group each opened their own offices in one another' s domestic territory...Nonetheless cooperative international banking was an immediate way forward."

12 This expression comes from Clyde H. Farnsworth, "European financial groupings" .Rawi Abdelal argues that during this period international financial architecture was European–led in terms of "leadership and deliberate design" (*Capital Rules*): 3.

13 Jones builds on the widely held view that while there was international trade in earlier times, the "first global economy" formed during the second half of the nineteenth century with world capital, commodity, and labour markets becoming closely integrated by 1914. He further proposes that a second wave of globalization began during the 1950s and intensified after 1979. During this period, global networks developed and multinational banking assumed a new importance (Geoffrey Jones, "Globalization," in *The Oxford Handbook of Business History* , ed. Geoffrey Jones and Jonathan Zeitlin (Oxford: Oxford University Press, 2007)): 141–68.

14 See, for example, Anon, "The great unravelling: bank supervisors are quietly forcing a deglobalization of finance," *The Economist* , 20 April 2013.

15 Kenneth D. Garbade and William L. Silber, "Technology, communication and the performance of financial markets: 1840–1975" , *Journal of Finance* , 33 (1978): 819–32.

16 Garbade and Silber ("Technology, communication") uncover statistically signifi–cant evidence illustrating that the introduction of innovations in communications technology–specifically domestic telegraph and the trans–Atlantic cable–led to the significant narrowing of inter–market price differences.

17 Electronic Funds Transfer (EFT) began in 1915 when the Federal Reserve Board used the telegraph systems of Western Union and Postal Telegraph to transmit its financial data (http://www.newyorkfed.org/aboutthefed/fedpoint/fed43.html).

18 Bernardo Batiz–Lazo and Douglas Wood, "An historical appraisal of information technology in commercial banking" , *Electronic Markets* , 12 (2002): 192–205.

19 For a detailed review of the technological advances that led to the development of the telex, see Patrice A. Carré, "From the telegraph to the telex: a history of technology, early networks and issues in France in the 19th and 20th centuries" , *Flux* , 9 (11) (1993): 17–31 (retrieved April 25 2013 from http://

www.persee.fr/ web/revues/home/prescript/revue/flux).

20 Ken Beauchamp, *A History of Telegraphy: Its Technology and Application* (London: Institution of Engineering and Technology, 2008).

21 Jill Hills, "Regulation, innovation and market structure in international telecommunications: the case of the 1956 TAT1 Submarine Cable" , *Business History* , 49 (2007): 868–85.

22 Although banks, stock exchanges, and other financial institutions were the first and most numerous users of the telex, there was a notable increase in subscribers from other industries particularly towards the end of the 1960s. Among the most intense users were the air carriers who needed a means to communicate flight and passenger information. Telex usage continued to increase and reached a peak in 1987 after which it began to be superseded by TCP/IP technology from commercial internet providers (see Gottfried Leibbrandt, "The role of the installed base in payment system adoption," *Journal of Payments Strategy and Systems* , 4 (1) (2010): 6–16. Also see Gottfried Leibbrandt, "Establishing compatibility between Europe' s payment systems," *International Journal of Industrial Organization* , 28 (1) (January): 69–73). Data on the number of telex subscribers are held by the International Telecommunication Union (ITU).

23 Alec Nacamuli, "Cross-currency payments and SWIFT," in *Payment Systems: From the Salt Mines to the Board Room* , ed. Dominique Rambure and Alec Nacamuli (Houndsmill: Palgrave Macmillan, 2008): 43–51.

24 Eric Sepkes (interviewed by Susan Scott and Markos Zachariadis [in person], London, 13 November 2008). Sepkes went on to say that former military signalmen were often employed as authentication key clerks. This was further confirmed by Jacques Cerveau (interviewed by Susan Scott [in person], Paris, 13 February 2012).

25 See Batiz-Lazo and Woods, "An historical appraisal" . There is also reference to other projects in the transcript of a speech delivered by A.E. White, R.E.W. Hazel, and D.S. Warman at the Barclays Computer

Conference in June 1975. The Barclays SWIFT Project Team were based at Friggell House in Poole, Dorset (information retrieved from Barclays Group Archives, 80–4134).

26 See further discussion of the legal case between SWIFT and the PTTs in Chapter 5 of this book.

27 Elsewhere we have referred to this tactic of funding multiple options as "strategic risk positioning" (see Susan V. Scott and Michael I. Barrett, "Strategic risk positioning as sensemaking in crisis: the adoption of electronic trading at the London International Financial Futures and Options Exchange" , *Journal of Strategic Information Systems* , 14 (1) (2005): 45–68. See also Susan V. Scott, "Understanding the characteristics of techno-innovation in an era of selfregulated financial services" , in *Financial Markets and Organizational Technologies: Systems Architectures, Practices and Risks in the Era of Deregulation* , ed. Alexandros-Andreas Kyrtsis (London: Palgrave Macmillan *Studies in Banking and Financial Institutions* , 2010)): 166–88.

28 Membership of ABECOR was reported to be as follows: Algemene Bank Nederland; Banca Nazionale de Lavoro; Banque Bruxelles Lambert; Banque Internationale à Luxembourg; Banque Nationale de Paris; Banque de la Société Financière Européenne; Barclays Bank; Bayerische Hypotheken und Wechsel Bank; Dresdner Bank; Österreicheische Läenderbank. This list is from an article by Ireland ("Groups overtaken by international banking"). For an example of the kind of strategy pursued by consortium banks, see Barclays Bank International, "Abecor: Europe' s biggest bankers offer you a complete international banking service" , *The Financial Times* , 31 May 1977. An extract from this source reads: "The skill and experience of seven major European banks which form Abecor, the Associated Banks of Europe Corporation, combine to make this Europe' s leading international banking group, just as much as the combined assets of almost 200 billion dollars. Barclays is the Abecor bank in Britain... Abecor has branches,

representative offices and associates in 118 countries across 5 continents. What could be more international than that?··· Service is not just the provision of facilities, it' s an attitude of mind as well. Abecor' s attitude is that everything should be as simple and swift as possible. Whatever you want from Abecor, you usually need to contact only one man. In the U.K. that man is Mr. B. Bartlett, International Division, Barclays Bank International, 168 Fenchurch Street, London EC3P 3HP." For a historical analysis of the "clubs", see Duncan M. Ross, "European banking clubs in the 1960s: a flawed strategy", *Business and Economic History*, 27 (2) (1998).

29 Johan de Vries, "The Netherlands financial empire", in *Handbook on the History of European Banks*, ed. Manfred Pohl and Sabine Freitag (Aldershot: Edward Elgar, 1994): 752.

30 *Logica Final Report: The Banks' International Message Switching Project*, Logica Ltd (31–36 Foley Street, London W1P 7LB), Part 1 (15 March 1972): 2. We are most grateful to Eileen Chiles (former SWIFT Board Secretary) for giving us access to her personal bound copy of the MSP reports.

31 Ibid.

32 Jacques Cerveau (interviewed by Susan Scott [in person], Paris, 13 February 2012).

33 Alec Nacamuli (interviewed by Susan Scott and Markos Zachariadis [in person], London, 17 February 2012). Many of the meetings where these ideas were broached took place at the ABN building on 32 Vijzelstraat, Amsterdam.

34 Not only would the winner of a standards war benefit from a dominant network position and cost-efficient automated processes, they would also shift the cost of using their proprietary standard on to counterparties who would then have to absorb the cost of adapting their systems to that standard.

35 The Organization and Legal Sub-committee consisted of Mr H. Bruckert (Crédit Industriel et Commercial, Paris (Chairman)); Mr Charles Read, Inter-bank Research Organization, London (Co-chairman); Mr E. Trolle-Schultz,

Kjøbenhavns Handelsbank (Co-chairman); Mr R.W. Freud, First National City Bank, New York; Mr D.C. Fiske, Stanford Research Institute, London; Mr M. Martin, Banque Nationale de Paris (Legal Working Group); Dr H.J. Pabbruwe, Algemene Bank Nederland N.V., Amsterdam (Legal Working Group); Dr M. Schaudwet, Dresdner Bank A.G., Frankfurt (Legal Working Group); Mr L. Vekeman, Kredietbank, N.V., Brussels (Legal Working Group). Details taken from *Organisation Recommendations for Proposed Society for Worldwide Interbank Financial Telecommunication (SWIFT)* , Stanford Research Institute, SRI-Europe, Head Office, London, England, 20 March 1972. According to Blanche Petre, Luc Vekeman went on to draft the original SWIFT bylaws and rules (Blanche Petre, interviewed by Susan Scott and Markos Zachariadis [in person], La Hulpe, Belgium 22 December 2011).

36 "The Legal Committee has come to this conclusion after a comparative law study of the possible legal forms in several European countries. Some of these have various suitable legal forms which would have made it well worth considering the inception of SWIFT in one of these countries, other than Belgium, had there not been attendant objections which apply to a far less degree to Belgium, if at all. These objections are mainly in the financial field and are amongst the others concerned with: social premiums to be paid by SWIFT for its employees. These premiums have to be paid in every European country. The level of the amount does not differ very much from one country to another; Taxes to be paid by SWIFT, specially the Value Added Tax (VAT). The VAT is the most important tax of all taxes which have to be paid by SWIFT. With regard to the VAT in Belgium telecommunication services are charged at a rate of 14 percent. However, in the case of international telecommunication services the rate is reduced to 0 percent; Taxes to be paid by employees of SWIFT, the main one being income tax. Belgium income tax is one of the lowest in Europe. At the same time the Legal Committee has taken into consideration the "social climate" in the countries which have formed part of the comparative law stay, which is very stable in Belgium."

Organisation Recommendations , 5–6.

37 Ibid.

38 According to Bessel Kok, the original company acronym was "SWIT" , the Society for Worldwide Interbank Telecommunication. Legend had it that they were persuaded to add the word "Financial" by Carl (Charlie) Reuterskiöld' s wife, who was also credited for the design of SWIFT' s logo.

39 Johannes (Jan) Kraa remained as Chairman of SWIFT until 1 April 1974.

40 SRI was involved with staff recruitment, assisting with key executive appointments. As of March 1975 SWIFT had hired a total of 53 people distributed in four divisions: Services, Operations, Finance, and Administration. The staff slowly took over responsibilities from Logica' s consultants who remained involved until the end of September 1974. For more information, see SWIFT *Annual Report* , 1974.

41 Details of the technological options are from Jacques Cerveau (interviewed by Susan Scott [in person], Paris, 13 February 2012).

42 See pages 2–3 in the transcript of a speech given by A.E. White, R.E.W. Hazel, and D.S. Warman at the Barclays Computer Conference in June 1975 (retrieved from Barclays Group Archives, 80–4134).

43 This is the expression used by Jacques Cerveau (interviewed by Susan Scott [in person], Paris, 13 February 2012).

44 Transaction Technology Incorporated (TTI) was headquartered in Santa Monica, CA. This unit went on to develop Citibank' s first automatic teller machine. In 1974, entrepreneur and inventor Jack Scantlin became president of TTI. Having established a track record of innovation in financial services (e.g. the stock market system Quotron) he led TTI in the development of a range of technologies that contributed to the reengineering of the sector.

45 I am grateful to Malcolm Hamer (Improved Systems Factors, New York) for clarifying details of the MARTI project (personal communication, 24 April 2013). See also an account of MARTI in Malcolm Hamer, "An introduction to structured transactional messages" , Improved Systems Factors, New York

(http://www.isf-us.com/Structured-Transactional-Message-Standards.pdf).

46 Ibid.

47 Renato Polo (interviewed by Susan Scott [by telephone], 20 November 2009).

48 Ibid.

49 Blanche Petre (interviewed by Susan Scott and Markos Zachariadis [in person], La Hulpe, Belgium, 22 December 2011).

50 Chris Norton (interviewed by Susan Scott and Markos Zachariadis [in person], London 22 July 2010).

51 For further information about this royal event, see SWIFT 2013, SWIFT History (http://www.swift.com/about_swift/company_information/swift_history).

52 Barry J. Nalebuff and Adam M. Brandenburger, *Co-opetition* (London: HarperCollinsBusiness, 1996).

53 Ibid.

54 SWIFT' s company information can be found at http://www.swift.com/about_swift/company_information/company_information.

55 See Nalebuff and Brandenburger, *Co-opetition* .

56 The term "market infrastructures" is industry terminology for payment systems, exchanges, and depositories.

第2章 SWIFT如何工作

> ➢ 管理
> ➢ SWIFT是一个合作组织
> ➢ 支付架构和金融电子通信：结合实际情况介绍SWIFT
> ➢ 业务和安全：负责，可靠及充满活力
> ➢ 组织内成员互动：SWIFT国际银行业务研讨会（Sibos）

在本章中，我们将具体介绍SWIFT这个多样性的合作组织是如何工作的。在本章的第一部分中，我们将介绍SWIFT为它的合作社团身份做了什么和它如何在对由不同股东集团组成机构的管理中体现它的服务模式原则。接下来，我们将SWIFT置于支付系统所处的环境之中，来讨论电信技术在标准化信息传送系统里的作用，以进一步介绍SWIFT。这种更加深入的对商业领域的介绍可以帮助读者更进一步理解支付基础设施的重要性，并将SWIFT置于其所处行业之内。这尤其重要，因为要理解SWIFT如何工作就需要将它的作用同传统支付系统加以区分。在这个过程中，我们会讨论其作为信息传送者独特的地位，同时着重介绍它对支付程序作出的独一无二的贡献。在明确SWIFT在商业世界中的地位后，我们也会讨论它是如何取得和坚持它的那个显著的业务特点，即安全的业务平台。最后，我们还会介绍SWIFT是如何通过金融从业人员年度聚会，即SWIFT国际银行业务研讨会（Sibos），来进一步体现其合作原则的。

管理

在第一章完成了对SWIFT起源的详细介绍后，我们现在通过其组织架构和会员情况解释目前SWIFT是如何工作的。在我们开始之前，让我们简单看一下SWIFT是做什么的。目前大量参与银行或证券交易的企业使用私密的、由会员所有的SWIFT系统传输信息[1]。它的触角通过界面连接功能已经延伸到大量其他支付和证券基础设施。最常用的SWIFT信息收发系统是SWIFTNet FIN，使用传统的SWIFT MT标准写的信息报文也可以在这个系统中传送和接收。2013年4月的数据显示，49.3%的SWIFTNet FIN信息报文跟支付有关，44%跟证券有关[2]。SWIFTNet FIN以及其他一些产品和信息收发服务是通过基于IP服务建立的SWIFTNet信息收发平台完成的。这个平台是需要信息收发服务的SWIFT客户在SWIFT系统上的"唯一窗口平台"[3]。

标准是任何加盟系统有效运营不可或缺的组成部分，所以当SWIFT专注于实施全球信息系统的时候，它实际上已经成为信息报文标准的开发者，我们将在本书第三章讨论这个问题。在一个商业领域内推广标准化常常会产生多米诺骨牌效应，没有多久SWIFT的标准化部门就成了重新设置银行结算及证券服务业务程序的研发中心。SWIFT报文标准是否能被接受不但取决于其研发团队的专业技术能力，同时也涉及让其用户调整目前的业务操作方式以建立（或接入）另外一种操作方式的诸多谈判。基于这个原因，SWIFT是围绕着咨询论坛和工作小组建立其业务架构的。

在系统建立和随后的标准化的过程中，SWIFT就开始同其会员进行密切合作，以开发一系列建立基于其平台的产品及服务。行业范围内的技术和标准被设计成相对开放式的，这让主要客户可以接纳它。统一的操作方案需要设计人员对客户在某一个特定环境下的商业活动有深入的了解。正像我们将要看到的，这个任务将会由SWIFT市场部来完成，但即使如此，保持跟客户经常的沟通和交流已成为每个SWIFT部门的责任。人们可以从公司的组织架构图中看出在不同层次上，有些部门就是为促进跟客户经常性的沟通和交流而建立的。

如果你在位于拉于尔普（La Hulpe，在布鲁塞尔附近）的SWIFT总部内走走，它那种为沟通和交流的初衷而设计的公司架构就会尽现眼前。它的董事会会议室内有一个30个座位的圆桌，类似联合国大会会议厅。在圆桌内侧放了一排长凳以便人们可以坐在上面跟坐在圆桌周围的人进行沟通和交流。一些曾经在这个会议室参加过会议的管理人员表示，虽然这个会议室的设计让人印象深刻，但它可能并不适合参与者交流的设计。然而，从历史学家的角度来看，这种设计通过物化的方式，在人们的脑海里固化了SWIFT的合作模式是如何工作的概念。我们在另外一栋新近装修过的大楼内（装修基调是由SWIFT的员工挑选的）发现，电信行业的先驱亚历山大·贝尔说过的一句话被写在一个开放式的繁忙业务区的墙上："伟大的发现和改进无一例外都是许多人合作的结果。"跟其他合作性的企业一样，SWIFT和其支持者也强调其核心文化内涵：共同体和合作。

SWIFT是一个合作组织

就像我们在第1章介绍过的，SWIFT的创建者对如何管理这个组织进行过深入讨论[4]。讨论的结果支持了创建者将SWIFT建成一个互助机构的想法。接下来将布鲁塞尔作为机构总部的决定也影响着成立后的SWIFT的组织形式。在20世纪70年代，比利时法律允许两种相似的互助机构在比利时注册：一种是国际协会；另一种是互助机构。开始，国际协会看起来是一个自然的选择，但在当时的比利时，国际协会主要是指慈善机构。早期的迹象显示，当时的比利时政府同意SWIFT注册成一个国际协会组织，但SWIFT的法律团队提出如果将SWIFT注册成国际协会组织，那么它今后在市场推广方面可能会遇到一些困难。最终SWIFT被注册成由会员所有的互助组织。当时一些商业机构已经在比利时的农村建立了由会员所有，在发展会员和利润分配方面较国际协会更具弹性的互助组织。SWIFT在比利时被注册成由会员所有和控制的互助组织，意味着那些对核心服务平台负有责任的人需要在明确的管理原则下向所有会员提供具体的服务设施。

SWIFT互助组织的架构对其财务也有一些影响[5]。SWIFT收到的初期股权资金来自其原始银行股东，之后它也从原始股东那里获得了一些贷款，因为在SWIFT完全投入运营和建立可持续的商业盈利模式前，它很难从信贷市场上获得信贷支持。这期间，SWIFT也使用过租赁融资来获得基建所需的预支费用。SWIFT在运行一年后就开始盈利。几年后，它将原来租赁的设施买下，到1982年它已有能力清偿所有的初期贷款。在此之后，SWIFT除了隔几年会出现亏损外，它的经营基本上是盈利的。基于此，SWIFT的信贷主要用于满足其流动资金和特定资本投入需求。持续的盈利使SWIFT有能力按照互助机构的规定，通过提供折扣返还服务费用的方式将利润分配给会员。虽然有时被说成是非营利组织，但更加确切的说法是：SWIFT不是一个追逐利润最大化的组织[6]。过去10年间，SWIFT管理层致力于降低每条信息的费用，其费用已从2001年的每条26美分降到2012年的每条4美分。与此同时，带有合作性质的SWIFT也要求其会员组织通过提供相关技术和使用SWIFT传送绝大多数信息对其进行支持。

作为金融合作机构所拥有的私人网络系统，SWIFT也从跟市场和市场参与者有关的权威机构那里获取资源，比如，它在国际标准化组织（International Organization for Standardization，ISO）的登记认证过程中发挥着重要作用，同时也是这个组织专利标准化的开发者。它是各国中央银行政策制定部门、国家及国际银行业务管理机构关注的对象，是被认证的市场基础设施，也是国际银行业务从业人员中心论坛的组织者。虽然多年来SWIFT的管理架构也会随着它的多重责任不断改进，但它的初衷和合作特性在其股权分配及董事会的组成上一直没有改变。

股权结构对SWIFT现在和将来至关重要：越多的人使用SWIFT，会导致更多的SWIFT股权被分配出去，同时SWIFT的影响力也会越大。SWIFT的股东或会员不但可以影响其董事会的组成，同时，它们也有权修改机构章程以及在股东大会上通过表决影响其战略。成为SWIFT股东的基本原则是持有股权的数量需要跟其每年对SWIFT的财务支持（即使用SWIFT服务的数量）相对应。就是说，因为SWIFT是一个合作组织，它的所有者及其对SWIFT的控制跟他们使用SWIFT基本服务的数量成正比。SWIFT每隔3年重新分配一次股权。为了获取更多的股权，关联公司可能会联合起来，这样就会增加他们使用SWIFT基本服务的总量。并不是所有使用SWIFT服务的公司都可以成为其股东。根据SWIFT机构章程（第8项），股东申请者必须从事跟其他股东相同的业务，这包括银行、有资质的证券公司及投行管理机构及参与金融信息报文传送。股东申请人是否符合这一条是由董事会决定的[7]。

SWIFT股东选出25个任期为3年的独立董事管理SWIFT及监督经理人员（SWIFT公司章程第16条）。每年1/3的独立董事将会被重新选举。董事必须是SWIFT股东的雇员（SWIFT公司章程第16条），他/她没有工资，但可以向SWIFT报销费用（SWIFT公司章程第27条）[8]。董事会依据国家累计股权方式选出董事：累计持有SWIFT股权最多的6个国家每个国家可提名2个股东，接下来的10个累计持有SWIFT股权最多的国家每个国家可提名1个股东，剩下的股东所在国家加在一起可提名3个股东[9]。董事会任命主席和副主席（SWIFT章程第19条）。SWIFT有6个委员会，董事会成员都会积极参与其工作以便向SWIFT的管理层提供战略指导。这些委员会包括审计和财务委员会、人力资源委员会、风险委员会、银行及支付委员会、证券委员会以及技术和产品委员会。跟公司章程中明确的SWIFT的初衷以及其希望在更加广泛的领域进行的合作原则相适应，现任主席雅瓦尔·沙赫提出董事会不但要规划战略，决定是否进入某个市场及建立战略合作，同时还要决定新的产品和服务，延长目前的商业条件以及确认主要的代工厂或服务商。在他看来，SWIFT董事会的这些权力让它跟其他国际合作组织及公司有所区别（参见图2.1）。

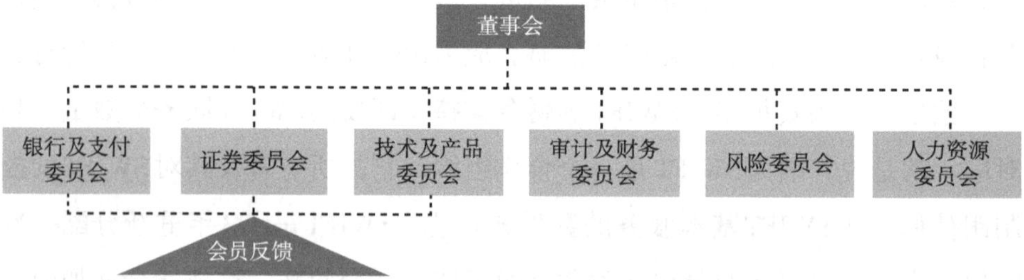

图2.1 SWIFT董事会下辖的委员会

资料来源：SWIFT。

SWIFT将其用户分成几个类别，每个类别从SWIFT获得不同层级的服务。被监督的金融机构可以发送和接收所有种类的信息报文；不被监督的在金融行业内处于营运状态的用户可以向被监督的金融机构发送所有种类的信息报文，但不能向不被监督的机构发送或接收不被监督的机构发来的涉及支付的信息报文；封闭型用户群及企业用户依据SWIFT经理的指令，使用SWIFT的服务或企业用户通过相关规定使用SWIFT的服务。只有第1个类别内的银行、证券公司及被政府监督的投行管理机构才有资格成为SWIFT的股东[10]。封闭型用户群是指用户之间需要为某种商业交易交换特定信息的一个群。封闭型用户群的SWIFT经理有权针对群内的所有成员制定规则、决定提供的服务种类及准入标准。

SWIFT的管理原则规定，国家或国家层级的反馈意见可以通过SWIFT内部管理程序提交上来。人们可以从投票选举董事的方式上看出这个原则，这个原则也被在国家会员组内通过规定固定了下来。对大多数用户来说，SWIFT建立了多个国家群组，这些群组可以保证SWIFT能为持续保持全球业务焦点，及时和准确地跟用户相互交换信息[11]。

SWIFT的管理层包括市场部、IT部、财务部及办公室、法务部、人力资源部、美洲部、亚洲及太平洋部以及欧洲、中东及非洲部。市场部的职责很广，它包括产品组合的管理、国际联系、创新及标准。IT部不但要负责SWIFT系统的日常营运，同时也要负责新产品的开发工作和系统的安全控制[12]。财务及办公室的职责包括财务管理、制订公司计划、制定产品价格以及管理所有内部辅助性功能，如采购、内部IT及办公室等。

上述对SWIFT管理架构的简单介绍并不能充分反映SWIFT的合作原则是如何指导其各个部门的日常业务的。事实上，它的每个部门都有责任从合作原则出发平衡各个会员的利益，这包括在更加广泛的、建立在合规基础上的权力和责任如何同政府监管相适应；如何开发和提供标准化公共产品（请参阅第三章）；如何对其客户履行合同责任；以及如何通过行业核心基础设施中安全可靠的第三方服务商的权威地位发挥影响。合作的原则也体现在SWIFT的服务标准、标准制订计划、建立客户关系项目以及在具有政府或公共服务机构特征的机构内制定交流及沟通战略上。在其内部，SWIFT依然像一个大家庭，就像它的前首席执行官贝塞尔·科克在初创期希望的那样。在对外交流上，所有SWIFT员工都会牢记SWIFT的目标是保持它作为可信赖的第三方服务商的声誉。这在SWIFT内部随处可见，但所有这些跟SWIFT如何管理其业务、保证信息安全以及它每年召开的银行从业人员大会（Sibos）相比都会相形见绌。我们会在稍后对此做具体介绍。接下来，我们讨论SWIFT在支付系统内的金融信息交流过程中所起的作用。

支付架构和金融电子通信：结合实际情况介绍 SWIFT

支付架构和支付系统一直被金融从业人员和学者视作金融行业的“支柱”，他们经常将其称作经济大厦的“金融管路”[13]。根据艾伦·格林斯潘的说法：“支付系统是一个方式，事实上是许多方式，当它们按规定的规则和程序运转时，可以为将资金从一个机构转到另外一个机构提供一个平台通道。”[14]但是，不同机构之间的资金转移大多并不是被实时处理的，就是说支付系统或者叫‘支付方式’经常是以‘承诺支付’的方式处理支付要求（或获取支付资金的要求），而不是实实在在地将资金从一个机构转到另一个机构。为最大限度地完成资金转移及兑现对客户的承诺，支付系统会开始一系列操作，这些操作会涉及多个金融机构，比如银行、票据交换中心以及相关技术，比如数据传输链接、电子会计系统等[15]。一般来说处理支付会“激活”3个程序（见表2.1）。

表2.1　　支付过程介绍

支付阶段	描述
1.同意支付及开始支付程序	由付款人提交资金支付指令
2.发送及交换支付指令	交易方发送及交换责任信息，在这个过程中如需要可能包括净额结算条款
3.结算	资金从付款人账户发送至收款人账户，在这个过程中可能有第三方结算代理人的参与

注：这三个阶段也被称作支付周期。

在支付周期内的每一个阶段，支付系统必须保持高效和可信，以避免任何可能的业务和金融风险[16]，从而保证最终完成支付。很明显，通过支付系统的资金量越大，因支付系统坍塌导致的经济活动中的金融风险也会越大。因此，支付平台，特别是那些处理大量资金的支付平台，应该在业务进入平台后尽快处理它们以完成结算。这个对时间敏感、系统性重要的支付系统（Systemically Important Payment Systems，SIPS）通常被称作大额支付系统（Large-Value Payment Systems，LVPS）[17]，这种类型的支付一般会将实时全额支付包括在其支付要求中。[18]因为各国央行非常关注这类支付系统的特点和它涉及的风险，它们大多都会积极地参与对如何控制和管理那些风险的讨论。通常，各国央行都拥有自己国内大额支付系统及提供各种支付和结算服务。如果它们没有自己的支付系统，它们会跟踪由其他服务商处理的支付业务，它们也会关注任何支付系统的更新以保证国际结算银行的核心支付原则得到了完全的遵守[19]，同时，在这种情况下，多数央行会在支付的处理程序中充当结算代理人[20]。

因为央行是需要结算货币的发行机构，所以上述处理支付的原则均适用于国内及国际支付[21]。唯一不同的是媒介支付的平台系统。让我们回到支付的几个阶段，完整的支付过程依赖一个核心要件，即结算引擎，这个结算引擎在支付的第二个阶段可以支持“整个支付程序及支付的参与者”[22]。简单讲，这个核心要件包括可以使系统运转的硬件和软件。这个核心要件一般是由结算代理人（比如中央银行）所拥有和控制的，但也可能被外包给第三方服务商。辅助要素或交易所依赖的设备（也称作“交易设施”）也是支付过程中不可或缺的组成部分，因为它能把交易参与者跟结算机制联系起来以输入、核实和发送支付信息[23]。这个过程也包括被称作“交易设施服务”的必要的电子通信服务。表2.2[24]介绍了这些服务的内容。

表2.2　交易平台服务

通过加密技术辨认及认证参与交易过程的代理人
确认系统接受的支付工具
核实支付者确有支付能力
批准在交易参与者之间移动资金
处理和记录交易指令
金融机构之间的交流

跟完成支付需要的核心设备一样，结算代理人或本地或远程系统营运商也拥有一些设备以保证结算信息交流能正常进行。选择信息服务网络服务商，特别是为大额结算选择信息网络服务商，取决于系统特点和服务商的服务范围[25]。

一般来说，国内的支付都是使用通常被中央银行所有和管理、得到其确认的、格式化了的设施/设备（核心的和二级设施/设备）。没有格式化的跨境支付系统通常意味着交易双方要依赖跟交易双方都有关系的银行来传送支付信息[26]。另外，（支付金额的）汇出银行在开始代客向国外进行支付时，在汇款抵达目的地之前，它要先经过其国内本币支付系统。这就是说，在汇款离开汇出银行所在国前，需要先完成本币结算。

我们在本书第1章介绍过，20世纪70年代前，支付涉及的银行（即交易银行，比如跨国银行）是通过电话线路传送信息的电传方式传递支付指令的。在1977年成功推出SWIFT后，大多数跨国银行开始使用SWIFT服务以支持它们的跨国支付业务。从那时开始，SWIFT在处理涉及支付业务的领域内一直发挥着重要的作用（SWIFT的作用主要体现在表2.1支付周期的第一、第二阶段）。但SWIFT并不是结算机构，它也没有核心支付平台，它只是一个票据处理公司和结算机构相互传递交易信息的平台。不同的支付架构会有不同的传递信息的形式和通道。世界上大多数即时全额结算系统（RTGS）所使用的最简单、最常见的信息流传送结构是图2.2中所示的V形结构。根据这种信息传送方式，在银行客户向银行提交支付要求后，汇出银行将支付信息发送至结算机构的核心设备上。当结算完成后，结算机构核心设备会生成另外一个确认结算的信息并将此发给接收银行。

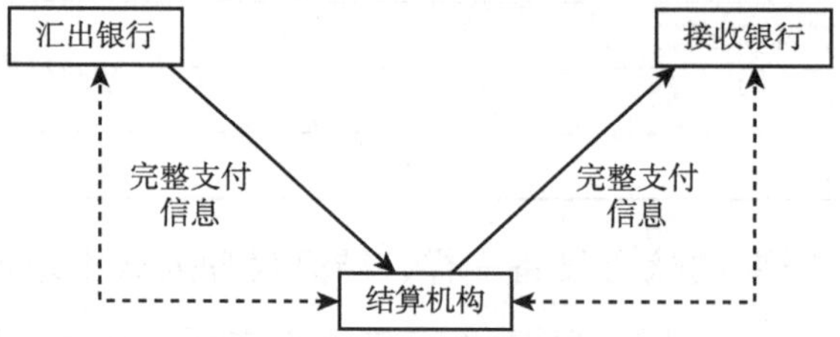

图2.2 V形信息流传送结构

许多大额支付系统依赖SWIFT提供的电讯通道和报文格式跟结算机构交换信息。针对金融市场的基础设施，SWIFT研发出和运行着一种被成为Y形记录通道的系统，这是一个复杂的信息交换系统，目前被70多个国家及国际大额支付系统（比如英国的票据公司自动支付系统及欧洲的欧洲自动即时全额结算快速支付系统[27]）使用着。正像图2.3显示的，汇出银行（银行A）向接收银行（银行B）直接以MT103格式发出支付信息报文。SWIFT在信息传输中将信息截住，复制所有报文内容（或报文子集内容）后将复制的信息再发至指定接收信息的银行。在SWIFT收到结算机构同意支付和结算信息报文后，SWIFT会将原始支付信息报文发送给指定支付机构[28]。在这个过程中，SWIFT可以通过一系列的查询和报告服务向用户提供跟交易有关的信息（比如，对方是否具有清偿能力，因系统故障导致的信息延迟等）[29]。而保证信息的完整性是作为支付信息交流系统和国际领先的金融信息处理服务商的SWIFT在支付过程中所发挥的多种重要作用中的一种[30]。

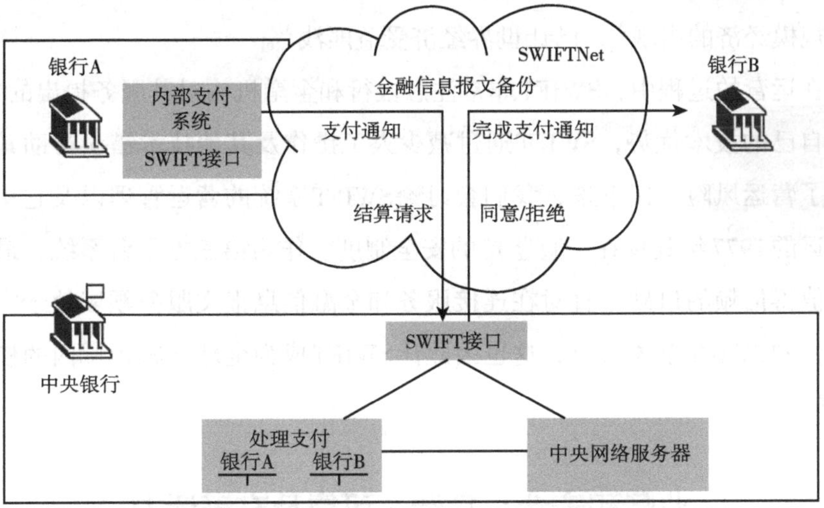

图2.3 SWIFTNet Y形记录信息流向示意图[31]

我们在前面提到支付系统内的支付机制，是指人们看不见的整个支付过程赖以维持的技术基础设施。这些技术机制不但进行着价值交换，同时也使价值交换过程更加有效和安全。从这一点来说，技术在支付过程中所起的作用非常关键，它能帮助提示支付风险或预警交易金额不能得到完整结算。因此，SWIFT会员机构及各国的中央银行都会在技术上投入大量资金以保证支付系统能够更加有效地运行[32]，即以尽可能低的成本和风险提供支付服务。

为了达到这个目标，我们就必须考虑成本及收益之间的关系。比如，将绝大多数的投资注入一个结算风险相对较小的小额支付系统可能并不是最佳的投资选项。而对可以根除大额支付系统结算风险的技术进行大规模投入可能更加合乎情理[33]。总的来说，支付系统的创新为资金在不同机构之间的移动提供了一个重要平台，由此形成了一个将大量金融机构连接在一起的网络。组成这个平台的要件不但影响着市场结构、使用者的数量和多样性程度以及他们之间的关系，同时这个平台也被这些因素深深地影响着[34]。虽然这些平台自问世以来就存在着系统风险，但它们为其使用者带来的益处也是巨大的，通过将世界各地的使用者联系在一起和由此产生的交易成本的降低[35]以及规模经济的出现[36]，已让世界经济受益匪浅[37]。

在运营的过程中，SWIFT非常注意银行和金融机构对其服务提出的要求。依靠自己的技术优势，SWIFT通过减少人工操作及其他技术错误帮助其用户降低了营运风险。接下来，我们会讨论SWIFT系统的营运管理以及它从刚开始营运的1977年到现在一直坚持的安全制度。作为第三方平台系统，最安全和最值得信赖的口碑一直对在连接服务和金融信息报文服务领域处于实际主导地位的SWIFT至关重要，这也因此让SWIFT成为全球金融领域内的核心基础设施。

业务和安全：负责，可靠及充满活力

很多对机构运营和技术设施的介绍都忽略了组织架构和技术遗产对它现在的影响。事实上，它们对这些机构当前文化及可能的条件是有影响的。为此，我们有必要先了解一下SWIFT的技术发展史及其系统发展轨迹，以便更好地理解它目前的业务运营情况[38]。早期SWIFT营运团队由雅克·塞尔沃[39]领导，在设计SWIFT第一个系统时，他借鉴了他在加入SWIFT之前从事过的旅游行业内的酒店及航空公司系统的经验，当时旅游业在使用群内连接技术方面处于领先地位[40]。另外一个对SWIFT“概念团队”的重要贡献来自巴勒斯公司（Burroughs）为加拿大军队开发的军队信息交流系统。从此，在SWIFT制定系统研发时间表的过程中，可靠和实时交流就被确定为SWIFT系统的设计重点。

SWIFT的“家庭史”也证实了它的主要系统并不是开创性的，而是建立在已有技术之上的系统。这跟我们过去的观察相契合：金融服务行业不太愿意创造它们自己的信息和通信系统，它倾向从其他行业借用技术和解决办法。雅克·塞尔沃也承认这种情况，他说SWIFT的原始系统就是“信息交换台+”[41]——换句话说，他的团队将现有的经过反复测试的技术拿来，然后加进金融服务所需要的内容（比如，检查信息的完整性，安全规定，登录程序及进入系统核查程序）。这样，他的团队提高了现有网络技术的标准及可靠性。在回顾过去的工作时，他说：

我们必须提高可靠性，因为当我们跟银行签约时，它们会说：“好吧，我们签，但如果我们把所有鸡蛋全放入SWIFT这个‘篮子’里，我们不想你们的系统突然发生故障。”这是每天都会发生的事。我相信服务的可靠性是关键。

另外，SWIFT团队希望对过去的系统加以进一步改进的是安全问题。如果想让银行相信通过SWIFT系统传送的金融信息没有安全隐患，SWIFT就必须开发和不断改进其系统的安全架构。如雅克·塞尔沃所说，电传所使用的文本钥（text keys）不适用SWIFT系统。我们必须开发出一种全新的东西以保护信息的私密性和完整性。由此，SWIFT团队开始研发匹配算法并将其作为新密钥和授权方式的基础。当时计算机的功能还没有强大到能写出加密信息的程度，但SWIFT技术团队发明了一种方法，即选择几个信息块，然后将它们开发成当信息内字母发生变化时（比如，当支付金额或受益人发生变化时），系统立即能够知道的功能区域。所以，在核心设备依然使用着可靠的网络技术时，它自主研发了安全功能（安全协议，secure protocol），并且为避免给那时（20世纪70年代）还不是很强大的计算机增加过多复杂程序，这个安全功能只对客户提出的具体安全需求服务。

如果在这章的第一部分我们介绍了合作的具体内容如何搭起了机构架构，即SWIFT的“结构DNA”，那么可靠和安全就是组成它基因的另外一个DNA。虽然人们觉得这两点理所应当，但它们对SWIFT来说至关重要，它们贯穿着SWIFT整个的技术发展历史。正像首席信息官麦克·菲施（Mike Fish）说的：

我们把现成的技术拿来，然后经过改进让它们成为向市场提供“5个9”（99.999%）可用性和安全性服务的组成部分……SWIFT的技术被认为是非常可靠的。人们一般不会看到我们在营运方面的创新。但我们在服务的安全和可靠性方面非常具有创新性。问题是我们从来不把那些称之为“创新”。我们只对我们的客户说我们向他们提供具有更高标准的服务以及他们前所未见的服务安全保障。终归，我们是向客户提供服务的，虽然我们一直在努力改进服务，但我们那些努力客户是看不见的。

“5个9”是指在20世纪90年代SWIFT通过将原来的SWIFT系统升级到SWIFT Ⅱ后对其服务质量条款做的一个关键性改变（见专栏2.1）。

专栏2.1　SWIFT Ⅱ及新的运行方式

SWIFT运行历史中最具挑战性的事件发生在1991年6月和11月，在这两个月中SWIFT进行了系统升级和将原来系统内的数据转至新的系统内（原系统使用的是巴勒斯技术，带有中心转换器及各国信息集中器，新系统使用了封包交换技术，是分布更广的系统架构，请见第4章）。SWIFT Ⅱ是第二代的技术系统，它的应用使SWIFT金融信息传送有了巨大飞跃。它不但意味着SWIFT系统的基础技术出现了巨大变化，同时，新的技术应用及规则也应运而生。的确，《金融时报》把它称作“世界上最大的IT项目”[1]。

1991年6月4日3点左右，SWIFT Ⅱ。地区处理器1、2、3和4同时掉线，致使SWIFT系统瘫痪了4个小时。其结果就是，SWIFT欧洲会员银行不能登录系统和使用SWIFT服务。金融类媒体对此进行了这样的报道：“备用处理器不能成功启动。最后，在大约7点半的时候，在部分系统终于得以恢复后，欧洲大陆地区的银行才能开始登录系统……但英国、爱尔兰、海峡群岛及冰岛直到当天16点左右才能登录。其结果是，一些SWIFT Ⅱ的用户错过了票据自动支付系统设置的最后交割时间。”[2]

大约3个月之后，就在SWIFT 国际银行业务研讨会召开的前一天，周末一个软件数据输入导致SWIFT Ⅱ系统瘫痪了7个小时。原因是管理未发送信息报告的一个软件出现了一个小故障。仅仅一个要求浏览未发出信息列表的请求就在需要优先确认的交易信息等待序列内造成了系统堵塞[3]。

这两件事不但逼迫SWIFT开启了危机处理模式，同时也对这个机构产生了强烈的震撼。这直接导致接下来的对公司文化的巨大修改，这些修改不但影响了SWIFT今后的系统升级，同时也对SWIFT全方位管理安全和可靠服务产生巨大影响。从此以后，对SWIFT的运营来说，“失败不是一个可以接受的选项”（这是美国国家航空航天局对阿波罗13计划的说法）。[4]

Notes

1. Samantha Laurie, “SWIFT faces problems: the burning issue of supervision,” *The Financial Times* , 12 November 1991.

2. “Cracks in SWIFT coalition appear at Hong Kong Sibos,” *Waterstechnology* , 7 October 1991.

3. Ibid.

4. These incidents coincided with Bessel Kok's departure (Sibos 1991 would be the last he addressed as CEO) and Lenny Schrank's arrival in July 1992. Jacques Cerveau served as an interim CEO after Bessel Kok took up an executive position at the Belgacom PTT in 1991.

在系统发生瘫痪之后，SWIFT营运团队在新的首席执行官施朗克的支持下，开始通过一个内部项目进一步对系统的安全及可靠性进行了加固并实施了一项扩大系统鲜明特点，使其更加充满活力的系统改进计划。虽然将系统的可靠性从99.99%提升到99.999%看起来微不足道，但对技术的投入和采用新的管理程序使SWIFT成为少有的最值得信赖的机构。

SWIFT系统的基础设施是围绕着多层迅速恢复能力和"镀金层"的概念设计，并辅以定期检查以保证当系统需要时可以立即启动备用资源。系统数据中心被分散保存在世界各地，数据在区域块内进行管理[42]，以使运营管理能跟着太阳每天24小时每周7天不停地运转。虽然存放这些数据的建筑都会有监控设施，但SWIFT的原则是：最佳的运营业绩及安全保障依靠的是人，而不是硬件、软件或公司周围的高墙及铁丝网[43]。比如，对系统的重要改变需要起码两个员工的审核及签署，即"4只眼"（Four Eyes）规定，同时，SWIFT也使用了先进的数据移动技术及危机处理机制。

SWIFT内部"学习、避免事故、计划和管理"的风气引领着建立在谨慎基础之上的SWIFT系统安全保障工作，其中的重点就是建立在经验和实际操作基础上的团队之间的沟通模式。在每个SWIFT监察站内，员工们同时使用预防工具和检查工具，包括建立信息交流图表，来追踪和了解通过系统的信息流情况。这样一旦情况跟基础参数发生差别，他们第一时间就会知道，同时系统内每个环节的管理者也在通过他们各自的监督程序对整个系统监督工作提供进一步的支持。"老虎队"（Tiger teams）[44]的职责是测试系统和管理建筑物。他们会定期提供重要事件报告并且有类似问卷调查的交接班程序[45]。

就像施朗克常说的一句格言：万事皆有原因。

正像图2.4显示的，SWIFT已经更新了几次安全措施，汇集的更新记录就是一个关于运营安保的案例分析。正因为SWIFT在系统安全方面的领先地位，使得其他金融服务机构及市场基础设施供应商争先恐后地向它学习。SWIFT也是早期在公共基础设施上大规模使用公共关键设施（PKI-Public Key Infrastructure）和率先在其用户端使用硬件安全模块（HSM-Hardware Security Modules，一种防篡改并允许客户通过数字确认或加密信息的特殊装置）的机构。

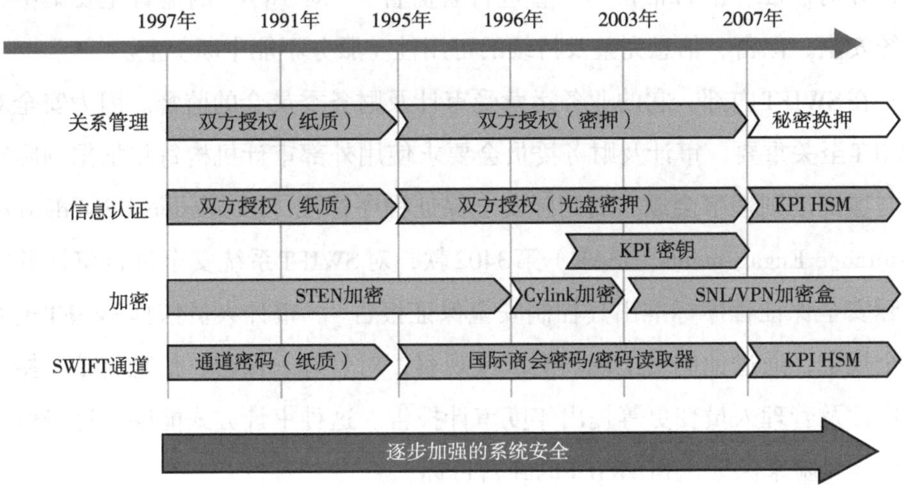

图2.4　SWIFT系统安全机制发展示意图

资料来源：SWIFT营运中心。

伴随着系统安全及复活系统成为金融机构及政府监管机构关注的重点，SWIFT也在不断地对其系统进行改进。正像麦克·费施（Mike Fish）所说的："当每个人都在尽力比坏蛋超前1步或2步时，我们在尽量比坏蛋超前2步或3步。"SWIFT跟供应商在安全方面密切合作，同时也跟它的会员客户分享在安全保障方面的经验。事实上，当SWIFT实施了更加先进的安全措施后，每个机构都会跟进模仿，这会使他们各自系统的安全程度进一步提高。

谈到监管问题，SWIFT的情况很有意思，因为它既不是结算机构也不是支付系统，所以它不受中央银行或银行监督机构的监管。但因为大量系统性重要支付系统（Systematically Important Payment Systems，SIPS）[46]依赖SWIFT，使SWIFT成了金融领域带有系统性特征的关键基础设施。[47]从1998年开始，10国集团的中央银行[48]成了对SWIFT的联合监管人，它们跟SWIFT保持着开放式的沟通渠道。2012年，监管框架形成，SWIFT监管论坛正式成立。通过监管论坛更多的中央银行加入对SWIFT的监管活动中[49]。因为SWIFT是在比利时注册，所以比利时中央银行承担了对SWIFT的主要监管责任，并对SWIFT的日常营运一直进行着监督[50]。对SWIFT的监督主要集中在系统安全、保密、信息完整及持续的可用性（服务不能中断）上。

在SWIFT内部，它的业务运营受审计及财务委员会的监督。因为安全对SWIFT至关重要，审计及财务委员会要求使用外部审计机构每年根据国际审计与鉴证准则理事会颁布的国际安全保证程序标准（International Standard on Assurance Engagements，ISAE）第3402款，对SWIFT系统安全进行审计并按国际安全保证程序标准出具控制安全保证报告[51]。审计人员依据SWIFT现有安全规定，通过他们员工现场测试或观察，对管理、保密、信息完整、持续可用性及管理人员变更等提出年度审计报告。这种审计方式能够通过降低潜在营运风险来保证达到SWIFT的经营目标。

作为行业合作机构，传播运营管理方式是SWIFT的职责的一部分。接下来，我们会介绍SWIFT通过被称为SWIFT国际银行业务研讨会的论坛进一步支持行业内交流的情况。

组织内成员互动：SWIFT 国际银行业务研讨会（Sibos）

SWIFT国际银行业务研讨会（Sibos）是在SWIFT正式运营后的第2年开始举办的（见表2.3）。

表2.3 Sibos会址、主题及参加人数（1978—2013年）

会址		主题	参加人数
年份			
1978	布鲁塞尔	无	300
1979	阿姆斯特丹	无	没有统计
1980	哥本哈根	银行业务的发展	1 000
1981	杜塞尔多夫	SWIFT在国际银行业务中的作用	没有统计
1982	华盛顿	无	没有统计
1983	蒙特勒	国际电子银行	没有统计
1984	巴塞罗那	成本、风险和利润	没有统计
1985	布莱顿	管理改变	没有统计
1986	尼斯	竞争优势	1 200
1987	蒙特利尔	业务战略选择	没用统计
1988	维也纳	优质承诺	没有统计
1989	斯德哥尔摩	创新及风险	没有统计
1990	柏林	服务方程	没有统计
1991	香港	无	没有统计
1992	布鲁塞尔	无	没有统计
1993	日内瓦	无	没有统计
1994	波士顿	变化时代的机会	没有统计
1995	哥本哈根	交流构想，塑造未来	3 195
1996	佛罗伦萨	进入新时代	3 568
1997	悉尼	无国界贸易	3 054
1998	赫尔辛基	无	3 523
1999	慕尼黑	商业管理与IT战略	5 275
2000	旧金山	e架构讨论	没有统计
2001	—	—	—
2002	日内瓦	活力和价值	6 000
2003	新加坡	新的现实	没有统计
2004	亚特兰大	发展时代	5 250
2005	哥本哈根	SWIFT 2010年前的转型	6 850

续表

会址		主题	参加人数
年份			
2006	悉尼	更大的宏图	5 700
2007	波士顿	获取动力	7 200
2008	维也纳	聊得太多了，是开始行动的时候了	8 114
2009	中国香港	合作与领先创新	5 782
2010	阿姆斯特丹	隧道尽头的一线曙光	8 900
2011	多伦多	监管、未来货币、变化中的技术及变化中的世界	7 600
2012	大阪	监管、变化中的技术及改变了的世界	6 250
2013	迪拜	监管、优质运营及变化了的世界	待发布

注：1.这张表是在作者于2012年发表在*Business History*上的文章："Origins and development of SWIFT，1973—2009"的基础上绘制的。

2.表内会议主题是对保存在SWIFT总部内的会议议题侧重分析后由作者添加的。

SWIFT国际银行业务研讨会每年会在不同的城市召开，时间在3天左右。如需要，会议可延长到一周。

到2013年庆祝其成立35周年的时候，SWIFT国际银行业务研讨会已经有了长足的发展。开始，SWIFT国际银行业务研讨会只想为SWIFT提供一个他们向银行后勤人员就营运技术征询意见和观点的机会，刚开始它实际就是一个用户群论坛。但不久，SWIFT意识到了这个用户群论坛在建设用户社区及在用户之间分享知识方面的潜力[52]，以致这个论坛逐渐发展成由包括战略及合规部门在内的不同部门的经理人员参加的相互认识的聚会。他们可以在聚会的过程中说出他们的担心及问题，同时服务商（金融机构、IT服务商及其他服务提供者）也可以展示他们新的领先的产品及服务[53]。正像莱尼·施朗克（Lenny Schrank）说的：我们必须将这个研讨会做成每年一次的专业性会议……你可以砍掉一些其他的会议，但SWIFT国际银行业务研讨会永远不能砍，每个人都在那儿，你需要4个月完成的事能在3天内完成[54]。研讨会讨论议题的覆盖面很广，比如2013年的研讨会就包括了技术追踪、市场基础设施、公司合规、金融科技解决方案、系统标准以及一整天专门针对非洲及中东地区的讨论。

从20世纪90年代开始，这个引导国际顶级金融机构讨论彼此如何在支付、安全、现金管理和贸易领域内[55]合作的SWIFT国际银行业务研讨会的一个重要原则是：SWIFT国际银行业务研讨会应该成为举行重要对话的场所。研讨会期间，发言者有时会挑战SWIFT、某个金融机构或整个金融行业，比如JP摩根的海蒂·米勒（Heidi Miller）的2004年的发言（我们会在第5章内介绍）。前SWIFT外联部主任罗丝·哈芙哈特（Rosie Halfhead）把这种情况称作SWIFT的特点：

SWIFT希望扩大会议规模和增加听众，所以你绝对不能试图去压制争论和有争议的事情。恰恰相反，我们希望去激活争论、讨论及曝光有争议的事情。

这是认真的，在1989年的斯德哥尔摩会议上，当一个德国计算机骇客被安排在那些西装革履的与会者面前演示骇客们是如何进入他们的系统时，与会者都大吃一惊。其效果不亚于邮政局长的会议邀请朗尼·毕格斯（Ronnie Biggs，英国罪犯，以1963年火车劫持案闻名于世）来跟他们聊聊火车劫持案中的难题。1992年的布鲁塞尔会议上的明星是尼尔·劳森（Nigel Lawson）——对欧元持怀疑态度的英国前财政大臣，劳森同意在会议结束前最后一个发言。但他的发言充斥着对喜欢欧元的与会者的羞辱性语言以及对统一的欧洲货币的不屑。但最让人难以忘怀和最有争议的是当时尚在大通任职的维维安·班塔·艾佛索尔（Vivian Banta Eversole）在1994年波斯顿会议上所做的发言。现在依然很著名的该发言并不是偶然的。SWIFT那时已经决定在1994年的年会上宣布对SWIFT的资产进行审计，而资产管理机构坚决反对任何涉及资产监管的主张[56]。

虽然参加2013年研讨会的注册费高达3 200欧元，但注册人数依然大大超过预期，同时，金融机构都在争先恐后地让他们的代表在会上发言或为他们的产品展台抢到一个显眼的位置。随着时间的推移，SWIFT国际银行业务研讨会会务管理逐渐变得非常专业，每次研讨会会吸引大量社会媒体前去采访，研讨会的视频也会在研讨会结束后对外公布。为使每次研讨会能成功举办，SWIFT在内部安排专人常年负责研讨会的筹备工作，因为举办这样级别的国际会议的后勤工作都比较复杂，所以研讨会的地址是几年前就定好了的。

但即使如此，研讨会也会受到外部因素的干扰。比如，1985年的研讨会本来计划在英国布莱顿市的格兰特酒店举行，但这个酒店在会议开始前被北爱尔兰共和军的一个炸弹炸毁了。5年后的柏林会议是在东、西德统一一周年纪念日期间举行的。雷曼兄弟公司（Lehman Brothers）的倒闭分散了很多参加2008年会议代表的注意力。唯一一次被取消的研讨会是2001年“9·11”恐怖袭击之后的那次。

虽然举办国际银行业务研讨会给SWIFT带来了1 000万美元的收入，但SWIFT每次研讨会的财务大多是收支大致相同。那么SWIFT为什么还在举办这个不赚钱的会议？这个会议对SWIFT有什么意义？国际银行业务研讨会被看作SWIFT的旗舰活动，这个研讨会把国际银行业务的竞争者聚拢在一起，他们可以通过讨论来确定彼此的合作，制定金融市场规则和标准并讨论他们共同关心的问题。这对他们都有好处[57]。而这正是SWIFT希望看到和支持的[58]。多年负责组织SWIFT研讨会的关键人物杰西卡·帕瑟（Jessica Parser）在2012年说：“SWIFT国际银行研讨会是为国际银行业务服务的。”在1994年罗丝·哈芙哈特（Rose Halfhead）和莱尼·施朗克（Lenny Schrank）做了一个战略决定，他们认为原来会议的名称“业务研讨会”（Operations Seminar）不能准确地反映研讨会的全貌，他们想出了一个词Sibos，从此以后，这个研讨会的名称就变成了SWIFT国际银行业务研讨会（Sibos）[59]。

虽然有些人建议将SWIFT国际银行业务研讨会跟SWIFT脱钩，使其成为一个独立的品牌和业务。但SWIFT管理层认为，作为一个跟SWIFT具有共存性的品牌，没有SWIFT良好的信誉，SWIFT国际银行业务研讨会会沦落成另外一个商务会议；没有SWIFT国际银行业务研讨会，SWIFT也会失去能让其成为金融服务行业核心的一些有价值的关键的东西[60]。

小结：我们为什么关心SWIFT如何工作？

我们为什么关心SWIFT如何工作？因为大多数对国际金融服务行业的讨论一般都会集中在跨国金融集团本身和市场功能上，很少涉及那些由谁和怎么维持市场的问题。但如果没有一个具体的介于上述两者之间的机构，在目前环境下，商业活动将无法开展和管理，市场经济也将不复存在。因为可以聚拢跨国企业建立一个安全的系统环境，制定系统标准，组建项目组及举办行业业务研讨会，SWIFT理所当然地成了介于企业和市场之间有意义的机构。

在这一章中，我们详细介绍了SWIFT组织结构及其业务是如何保证这个合作组织平稳运营的。合作组织差别巨大，伴随着时间的推移，它们工作形式的差别也会更大。SWIFT目前的管理文化建立在很多不同组织机构的权威之上，通过这些组织机构，SWIFT可以获取大量和多种多样的资源。当我们在这里使用“权威”一词时，我们不单是指一些规则，同时也指个人的才智和经验以及机构资源，这些都没有强迫和强制的内容[61]。这些资源是通过创造内部收益或是邀请具有相同目标的会员参与获得的，而通过后者，SWIFT可以实现其经营目标，即支持市场活动和普及标准化。

虽然这个金融行业合作组织赖以运营的机制会有所改变，但依据逻辑、咨询、合作及社区概念建立起来的组织结构会依然存在。我们相信这得益于多年的金融行业标准的发展。我们在这一章开始引用了亚历山大·贝尔说的一句话，它的下一句话是：“……人们可能会赞美我，把我说成拓荒者，但当我看到接下来的发展时，我会觉得赞美应该属于其他人而不属于我。”在下一章中，我们会详细介绍SWIFT金融信息标准的具体细节以及它如何通过设计、发展及用户使用达到日臻完善的情况。

Notes

1 SWIFT is sometimes referred to as a communication network and was founded to replace telex systems owned and run by post, telegraph, and telecom (PTT) companies. However, although SWIFT's history overlaps with the evolution of the telecoms sector, important distinctions need to be made. Mike Fish, Chief Operating Officer at SWIFT, makes the following clarification: "We are not a telecommunications company. We are a messaging company. Our value added is really the software and services that we put on top of the network. We assemble our network from providers, it is a necessity to have the worldwide connections but we outsource all our telecom work to telecom providers and we focus on providing the value added on top of that." (Interview with Mike Fish (2012), interviewed by Susan Scott and Markos Zachariadis [in person], European Operations Centre, 16 February 2012).

2 SWIFT website, SWIFT in Figures (April 2013): http://www.swift.com/assets/swift_com/documents/about_swift/SIF_2013_04.pdf .

3 Another important messaging service is InterAct. InterAct enables the exchange of SWIFT MX messages based on XML (see Chapter 3 for more details on SWIFT Standards) and apart from the traditional store-and-forward mode it also supports real-time messaging. Both FIN and InterAct work on a message-per-message basis. Two other messaging services that "sit" on SWIFTNet are FileAct, for the secure transfer of important files, and Browse for accessing securely financial websites (see "SWIFT messaging services", SWIFT 2011).

4 See Timothy J. Sinclair, *Global Governance* (Cambridge: Polity Press, 2012), 28.

5 Details of SWIFT finances are based upon internal documents kindly provided

by Francis VanBever (interviewed by Susan Scott and Markos Zachariadis [in person], La Hulpe, Belgium, 22 December 2011). Also thanks to Bessel Kok who describes the original financing for SWIFT in his interview with Susan Scott [in person], Prague, 24 April 2012.

6 Francis VanBever (interviewed by Susan Scott and Markos Zachariadis [in person], La Hulpe, Belgium, 22 December 2011).

7 SWIFT, SWIFT User Categories: http://www.swift.com/about_swift/community/swift_user_categories .

8 SWIFT reimburses the employer of the chairman of the board for the share of the chairman's payroll and related costs representing the portion of the time dedicated by the chairman to SWIFT (*SWIFT Annual Review* , 2012: 32).

9 In 2013, the countries with two board members were as follows: United States, United Kingdom, Germany, France, Switzerland, and the Netherlands. Countries with one board member were Belgium, Japan, Italy, Canada, Sweden, Spain, Luxembourg, Hong Kong, Australia, and China.

10 See generally SWIFT, SWIFT User Categories: http://www.swift.com/about_swift/community/swift_user_categories . The closed user groups and corporate category include the following categories of SWIFT users: Corporate, Financial Market Regulator, Payment System Participant, Securities Market Data Provider, Securities Market Infrastructure System Participant, Service Participant within Member Administered Closed User Group, and Treasury Counterparty (ibid.). For more about user eligibility, see SWIFT, User and Shareholder Eligibility Criteria: http://www.swift.com/assets/swift_com/documents/about_swift/User_eligibility_criteria_v5.pdf.

11 SWIFT, Governance at SWIFT: http://www.swift.com/about_swift/company_information/governance_at_swift?lang=.

12 SWIFT, Organizational Structure: http://www.swift.com/about_swift/company_information/leadership_council?lang=.

13 David Sheppard, "Payment systems in global perspectives: some views from the central banks" , in *Proceedings of the Central Bank Governors'*

Symposium (London: Bank of England, 1998): 28–32.

14 See Alan Greenspan, "Remarks on evolving payment system issues", *Journal of Money, Credit, and Banking*, 28 (4) (1996): 690. Generally, definitions of payment systems can vary according to the context. The Bank of International Settlements (BIS) defines a payment system as "a set of instruments, procedures and rules for the transfer of funds among system participants" (see BIS 2001, *Core Principles for Systemically Important Payment Systems*: 83). Other definitions describe payment systems as social relations and technological mechanisms that enable funds or other assets to be transferred, thus highlighting their diversified and "sociotechnical" features (see the work of David Humphrey and others). In some cases the meaning is narrowed down to the actual infrastructure that processes the payments. All these definitions are useful in explaining the role of SWIFT and how this compares to other payment infrastructures.

15 See Greenspan, "Remarks"; Allen Berger, Diana Hancock, and Jeffrey Marquardt, "A framework for analyzing efficiency, risks, costs, and innovations in the payments system", *Journal of Money, Credit, and Banking*, 28 (4) (1996): 696–732.

16 Financial risk concerns the fiscal part of the payment process and describes issues around the inability of the parties to fulfill their obligations (credit or settlement risk), system liquidity, systemic threats, etc.; on the other hand, operational risk refers to factors like technical failures, human mistakes, and legal issues (regulatory ambiguities and poor guidelines) that can cause disruption to a payment system (see Berger, Hancock, and Marquardt, "A framework for analyzing").

17 In the payment systems literature LVPSs, also known as Wholesale Payment Systems (WPS) or Large-Value Funds Transfer Systems (LVFTS/LVTS), usually refers to payment mechanisms that transfer payments of more than 1 million US$ (see Berger, Hancock, and Marquardt, "A framework for analyzing"). The volumes reflected in those systems are much less than

those of the Small–Value Payment Systems (SVPS or SVFTS/SVTS) which represent payment methods such as cheques, credits cards, debit cards, etc., also known as Retail Payment Systems (RPS), and whose values are significantly smaller. For examples of the US payment instruments including statistics on their volumes or values, see David Humphrey, Lawrence Pulley, and Jukka Vesala, "Cash, paper, and electronic payments: a cross–country analysis" , *Journal of Money, Credit, and Banking* , 28, (4) (1996): 914–39; BIS 2002 (*Statistics on Payment Systems in the Group of Ten Countries*); BIS 2003 (*Payment and Settlement Systems in Selected Countries*); BIS 2005 (*New Developments in Large-Value Payment Systems*).

18 On the contrary, less important systems such as Small–Value Payment Systems (SVPS) typically settle their transactions on a deferred basis at a pre–designated time, usually at the end of the day. Net settlement arrangements, often know as Deferred Net Settlement or Designated–time Net Settlement (DNS) systems, settle their transactions at the end of the day, whereas RTGS deliver payments instantly and irrevocably (see Berger, Hancock, and Marquardt, "A framework for analyzing").

19 The Committee on Payment and Settlement Systems (CPSS) at the BIS provides a number of core principles that should be met by SIPS in order to ensure stability in the financial system and the economy in general; these can be found at BIS 2001 (*Core Principles for Systemically Important Payment Systems*): 57–67.

20 In practice, this means that central banks manage the settlement accounts of various banks and transfer funds between them to achieve finality (BIS 1997, *Real-Time Gross Settlement Systems*).

21 Dominique Rambure and Alec Nacamuli, *Payment Systems: From the Salt Mines to the Board Room* (Houndsmill: Palgrave Macmillan, 2008): 43.

22 BIS 2005, *New Developments in Large-Value Payment Systems* .

23 BIS 2006, *General Guidance for National Payment System Development* : 42.

24 These "payment infrastructure services" are defined in the consultative BIS report (BIS 2006, *General Guidance for National Payment System Development*).

25 For example, a local SVPS will have different networking requirements compared to a LVPS which may engage in cross-border payment activities. In the latter case, compatibility among alternative networks is also essential in order to guarantee transmission between networks. Furthermore, the structure of the market under which the system performs can influence the choice of the network. In any case, core and complementary infrastructures need to be reliable and secure in order to avoid operational nuisances and ensure financial stability in the economy (BIS 2005, *New Developments in Large-Value Payment Systems*).

26 See David Sheppard, "Payment Systems," *Bank of England Discussion Papers* (1996): 49.

27 TARGET2 is a RTGS system for the euro provided by the European Central Bank (ECB) and the National Central Banks (NCBs) of all the countries that have adopted the euro currency. This is used to settle central bank operations, large-value interbank transfers, and euro payments. For more information, see www.ecb.int .

28 BIS 2005 (*New Developments in Large-Value Payment Systems*): 19.

29 SWIFT also provides services for other message-routing arrangements like T-copy and L-shaped architectures. For more information, see BIS 1997 (*Real-Time Gross Settlement Systems*); Rambure and Nacamuli, *Payment Systems* .

30 Rambure and Nacamuli, *Payment Systems* : 48.

31 Source: SWIFT report on "High values payment market infrastructures (HVP MI)" , February 2009.

32 Competition among payment infrastructures is another factor that also drives investments in technology and communication networks. Various private or non-privately owned establishments race to provide new products and

services to their users and raise the standards of their payment processes by investing in the latest payment technologies. Such examples are well-known payment-card systems like VISA, MasterCard, and American Express, but more examples can be found in the LVPS arena and especially between clearing houses in the financial securities industry.

33 Berger, Hancock, and Marquardt, "A framework for analyzing" ; Mark Flannery, "Technology and payments: déjà vu all over again?" *Journal of Money, Credit, and Banking* , 28 (4) (1996): 965–70; Jean-Charles Rochet and Jean Tirole, "Controlling risk in payment systems" , *Journal of Money, Credit, and Banking*, 28 (4) (1996): 832; Jean-Charles Rochet and Jean Tirole, "Interbank lending and systemic risk" , *Journal of Money, Credit, and Banking* , 28 (4) (1996): 733.

34 Mark Casson, "Networks in economic and business history: a theoretical perspective" , in *Innovation and Entrepreneurial Networks in Europe* , eds. Paloma Fernandez-Perez and Mary B. Rose (London: Routledge, 2010): 14–40.

35 There is a substantial literature on network effects and the economies of scale created from the growth of networks (also referred to as network economics) driven largely by the work of Economides, Saloner, Farrell, Katz, Shapiro, Liebowitz, Margolis, and others. For an empirical econometric analysis on the network effects of SWIFT, see Markos Zachariadis, "Diffusion and use of financial telecommunication: an empirical analysis of SWIFT adoption" , *NET Institute Working Paper* 11-10 (2011): 1–44.

36 Ian Domowitz, "Liquidity, transaction costs, and re-intermediation in electronic markets" , *Journal of Financial Services Research* , 22 (1-2) (2002): 141–57; Diana Hancock, David Humphrey, and James Wilcox, "Cost reductions in electronic payments: the roles of consolidation, economies of scale, and technical change" , *Journal of Banking and Finance* , 23 (2-4) (1999): 391–421.

37 Diana Hancock and David Humphrey, "Payment transactions, instruments,

and systems: a survey" , *Journal of Banking and Finance*, 21 (11–12) (1998): 1573–624.

38 There has been very little academic or practitioner literature on SWIFT operations. While we undertook fieldwork at the operating centres, we have been necessarily selective in our description of them. A notable exception is Jan Van Auseloos, "Responsibilities of TTPs in trusted networks" , *Information Security Technical Report* , 1 (1) (1996): 52–6. There have been two fictional accounts of operations and security at SWIFT: Marc Cave, *Vals Goed* (Antwerpen: Manteau, 2007) and James Follett, *SWIFT* (London: Methuen/Mandarin, 1986/1994). Follett (*SWIFT* : 1) begins with the chilling line: "We' re interested in your knowledge of SWIFT, doctor."

39 Jacques Cerveau joined SWIFT and became their first Director of Operations in January 1974 and assumed overall technical responsibility for the development and implementation of the system. His responsibilities included the selection, negotiation, and management of hardware and software contracts, the major one being a turnkey contract with Burroughs (now Unisys) for the delivery of the first SWIFT System (30 MUSD); the design of a security architecture and negotiation with vendors of security products; the design and development of mini–computerbased terminals to be installed in the banks to interface to the SWIFT system; negotiations with PTTs and Carriers for the provision of international circuits; the construction and installation of two major computer centres, and of regional centres in each country of operation; planning the organization of the Operations Division and resourcing it with a multinational team; and the operational launch of the SWIFT system in May 1977. His background includes a degree in engineering from École Centrale de Paris (Jacques Cerveau, interviewed by Susan Scott [in person], Paris, 13 February 2012).

40 During this phase of his career, working alongside experts on leading–edge communication technologies and networks, Jacques Cerveau learned about interconnecting systems (notably a reservation system for hotels in

Europe with seat reservation systems for the BOAC airline). He said that as part of the in–house research conducted when developing the SWIFT system his team closely studied travel sector networks (as well as principles from military message switching systems). The Brussels based "Société Internationale de Télécommunications Aéronautiques", known as SITA, was the first worldwide packet switching network dedicated to business traffic and proved particularly important in this regard (Jacques Cerveau, interviewed by Susan Scott [in person], Paris, 13 February 2012). In light of its role as a reference point in the technical history of SWIFT's network, some further detail on SITA may be useful: Founded in 1949 as a member–owned cooperative society to provide a worldwide message switching network for international air carriers, "Initially the network consisted of manual (torn–tape) centres, interconnected by low speed circuits (50, 75 Bauds, 60, 30, 15 words per minute, asynchronous). The Airline terminal equipment (teleprinters and telex) was connected to the SITA manual centres, thus enabling airline messages to be exchanged via nodes of the SITA network, with consequent reduction in costs to the airlines by their sharing of communications facilities. With the rapid development of the Air Transport Industry, the airline communications needs became increasingly important and thus the SITA network expanded very quickly, by 1963 covering the world" (G.J. Chretien, W.M. Konig, and J.H. Rech "The SITA Network", in *Proceedings of the NATO Advanced Study Institute on Computer Communication Networks* (Leyden: Noordhoff International Publishing, 1975): 373–96 [accessible from http://rogerdmoore.ca/PS/SITAB.html]). During the 1960s, SITA began replacing telex with computer systems and established a communication data network to carry safety–critical messages (see Chretien et al., "The SITA Network"). They go on to note: "By mid–1973, the SITA network comprised 150 centres including 8 high level centres and 21 satellite processors." SITA currently has 450 co–owners from members of the ATI. The company provides services to over 2 800 customers in 1 000 airports located in 200 countries and territories, which represents over 95 percent of all international destinations (see http://www.sita. aero/about-sita/what-we-do/sita-history; http://www.sita.aero/about-sita/what-we-do/facts-and-figures).

41 This phrase and his further comments included in this section of the chapter are from Jacques Cerveau (interviewed by Susan Scott [in person], Paris, 13 February 2012).

42 See Chapter 5 for further discussion. The messaging infrastructure is split into two different data zones, one for intra-European activity, located at European operating centres, and one for trans-Atlantic or global activity located at operating centres in Europe and the US. This approach was instituted to address concerns about data governance and ensures that purely intra-European messaging activity does not enter US jurisdiction.

43 This quotation and other details in this paragraph are based upon notes from presentations given by the operations team during a one-day tour of SWIFT' s operating centres in Europe, 16 February 2012.

44 In security terms, a tiger team is a specialized group that tests an organization' s ability to protect its assets by attempting to circumvent, defeat, or otherwise compromise that organization' s internal and external security.

45 The term "round robin" refers to a meeting protocol in which the team responsible for operations management on one shift will share details during a hand-over meeting to the next shift. This is one of the methods used in SWIFT operations to reinforce team communication.

46 A payment system is defined as systemically important when "a disruption within it could trigger or transmit further disruptions amongst participants or systemic disruptions in the financial area more widely" (see BIS 2001, *Core Principles for Systemically Important Payment Systems* : 3-5).

47 This has been recognized both by SWIFT and other bodies like the Bank of International Settlements (BIS) and a number of central banks in Europe and elsewhere (*SWIFT Annual Report* , 2009; BIS 2003, "International payment

arrangements:" 1–24).

48 These are the Bank of Canada, Deutsche Bundesbank, European Central Bank, Banque de France, Banca d' Italia, Bank of Japan, De Nederlandsche Bank, Sveriges Riksbank, Swiss National Bank, Bank of England, and the Federal Reserve System (USA) The last is represented by the Federal Reserve Bank of New York and the Board of Governors of the Federal Reserve System (see *SWIFT Annual Review* , 2013: 34).

49 The National Bank of Belgium is lead overseer in cooperation with the other G–10 central banks. In the SWIFT Oversight Forum, these central banks are joined by other central banks from major economies: Reserve Bank of Australia, People' s Bank of China, Hong Kong Monetary Authority, Reserve Bank of India, Bank of Korea, Bank of Russia, Saudi Arabian Monetary Agency, Monetary Authority of Singapore, South African Reserve Bank, and the Central Bank of the Republic of Turkey (*SWIFT Annual Review* , 2013: 34).

50 Further details on the role of the NBB in overseeing SWIFT can be found in the *Financial Stability Review* published by the National Bank of Belgium (2010).

51 Ibid.

52 Interview with Jessica Kuborn [Parser], reported in Dominic Hobson, "A brief history of Sibos" , *Global Custodian* , August 2001: "We had a three day event, with plenary sessions and three parallel sessions entitled "Our Solutions" in one of the biggest hotels in Brussels, but we still could not fit everyone in" , recalls Jessica Kuborn [Parser], a former head of corporate communications at SWIFT who helped organize that first Sibos. "It was an extraordinary success. We thought we would get about 100 people, and ended up turning 200 away. So the need to share ideas, discuss things with each other, and hear from SWIFT was obviously considerably larger than we had anticipated. It made us realize that we needed to think the thing through more carefully, and run it again" (http://www. globalcustodian.com/ magazine/magazine_article.aspx?id=40201).

53 Sources for this section: Sibos 2013 website (http://www.sibos.com/); Hobson, "A brief history of Sibos" ; Jessica Parser (2012) interviewed by Susan Scott and Markos Zachariadis [in person], La Hulpe, Belgium, 14 February 2012; Rosie Halfhead, interviewed by Susan Scott [by telephone], 29 February 2012; Lenny Schrank (2012), interviewed by Susan Scott and Markos Zachariadis [in person], La Hulpe, Belgium, 19 April 2012.

54 Lenny Schrank (interviewed by Susan Scott and Markos Zachariadis [in person], La Hulpe, Belgium, 19 April 2012).

55 Sibos, "What is Sibos?" (http://www.sibos.com/what_is_sibos.page?navtab=tab1).

56 Hobson, "A brief history of Sibos" .

57 Sibos, "What is Sibos?"

58 Jean Lave and Etienne Wenger, *Situated Learning: Legitimate Peripheral Participation* (Cambridge: University of Cambridge Press, 1991).

59 Jessica Parser (interviewed by Susan Scott and Markos Zachariadis [in person], La Hulpe, Belgium, 14 February 2012).

60 Rosie Halfhead (interviewed by Susan Scott [by telephone], 29 February 2012).

61 Sinclair, *Global Governance*: 27.

第3章 SWIFT标准

- 金融信息报文标准及自愿原则的必要性
- SWIFT专利信息报文标准
- 信息类型（MT）及结构
- SWIFT信息报文标准的发展及SWIFT同国际标准化组织（ISO）的关系
- 使ISO 20022成为全球通用信息报文标准
- 趋同的信息报文标准及其兼容性需求
- SWIFT信息报文标准的发展及修改程序
- MT信息报文标准的发展及修改程序
- MX信息报文标准的发展及修改程序

正像SWIFT董事会主席雅瓦尔·沙赫所说的，SWIFT是安全信息平台、具有建立行业范围内金融及相关市场操作标准的能力以及会员遍布全球的非常独特的组合[1]。在第2章中，我们重点介绍了SWIFT是如何带着对安全及可靠信息报文业务的承诺同国际金融机构一起工作的（这包括它每年一次的国际银行业务研讨会）。在本章中，我们会聚焦SWIFT作为标准制定者所起的作用，以及它希望将全球金融机构聚拢在一起以达到在行业内推行大家都能接受的行业标准及业务操作的目标。

我们首先讨论金融信息在支付系统里的作用以及接受信息标准自愿原则的必要性，在自愿原则基础上接受信息标准能使世界各地的金融机构得以通过使用相同的语言彼此直接交流，以完成金融交易自动和直通处理。接下来，我们将重温SWIFT的历史，去了解20世纪七八十年代影响金融信息传送的技术及其他要素，比如，刚开始的SWIFT信息报文其实就是替代了电传的“电脑版的电传”，即通过计算机读取的电传信息。

之后，我们将介绍SWIFT信息报文标准的发展，并审视它同国际标准化组织（ISO）的关系如何提高了其建立行业标准和进一步系统性地规范设置标准程序。我们也将会讨论在实施信息报文标准化过程中的挑战、允许多种标准在行业内共存的问题以及在ISO 20022背景下今后行业标准的趋势问题。在本章的结尾部分，我们将讨论不同SWIFT信息报文标准的发展及修改程序。

金融信息报文标准及自愿原则的必要性

我们在第1章介绍了私营网络计划取决于市场参与者交易的自动化。交易自动化要求重新设计程序，包括对金融信息进行格式化处理以保证所有涉及交易的信息均会被包括在内和被交易双方读取。计算机不能像人一样明白具有相同复杂性的信息内容，所以如果我们希望用计算机代替人，我们就必须开发出一种“词义清楚的信息交流方式”[2]，或叫“标准”。为保证金融机构之间的金融交易过程能顺利进行，一种被称为信息报文标准的标准化了的格式信息便由此应运而生。

更加正式的说法是，标准是一组技术规范[3]或是由特定行业内的一些机构或参与者（要么默认，要么通过正式协议）共同遵守的商业程序，由此形成由参与者共同接受的市场规则。就交易信息而言[4]，标准化信息通常是被格式化了的信息，是可由机器读取、发送、翻译及处理的信息[5]。这就意味着所有信息内容都在可以被机器或计算机读取后自动在点对点的基础上执行交易。其结果就是，被标准化了的金融信息不但具有可以传递指令的特点，同时，可能也是最重要的，就是这些信息可以在没有人的参与下帮助处理被发送信息。在研究了系统性交易信息之后，马尔科姆·汉莫（Malcolm Hamer）将信息标准的出现分成了两步：第一步是将包含信息发送路径及接收方信息的信息报文标题标准化；第二步是将信息报文主体标准化以使自动化和迅速相互交流成为可能[6]。正是这些标准化了的信息使交易程序快速“工业化”，从而改变了代理（银）行业务。

交易信息报文标准的最终目的就是通过一种信息传送方式使从一个商业点到另外一个商业点的交易信息流的过程不被中断。这个不受干扰的直通处理程序（Straight-Through Processing，STP）[7]被描述成是专注于提高服务质量和降低成本，具有战略意义的优化处理设计和技术[8]。直通处理程序能将涉及支付或贸易过程中分散的和先前互不相连的不同系统、技术及操作板块联系起来（见专栏3.1）。

专栏3.1 标准、程序革新及商业转型

虽然行业范围内的标准化已经被证明具有改革意义，但采用SWIFT标准从没被认为对在世界范围内引起引人注目的改变具有战略意义。同时，采用SWIFT标准也没有解决其所在领域内的所有问题。高层很少考虑标准化可能的影响。在回顾20世纪七八十年代的工作时，雅克·塞尔沃曾说：

当时这个想法来自中级管理层即后督部门，我不相信他们认识到如何最大限度地利用他们开发的技术的优势。重点不在广泛的系统改变，而是在一个个的具体的项目上寻求改进[1]。

现在回过头来重新一个一个地审视20世纪70年代公司层级的项目，可以帮助我们理解在改进商业模式前在行业内有多少必须要做的工作。比如，在巴克莱银行的SWIFT服务介绍会上（这个服务介绍会的主题是：

1975年之后未来SWIFT[2]的发展），SWIFT详细介绍了它将进一步开发新信息类型的计划。那时，类似巴克莱银行这些SWIFT服务的最初使用者也在对外公布他们将在信用卡、信用证及证券业务领域内进行标准化的尝试。他们在这些领域内的企图心很明显，并且他们也希望通过使用SWIFT服务在巴克莱银行内部完成以下工作[3]：

• 完成建立接收支付指令系统以便使用SWIFT服务。

• 改进对同城其他银行的支付效率（当时巴克莱银行在伦敦还通过办事人员去其他银行来完成支付业务）。

• 开发巴克莱统一网络系统以便在巴克莱各分行账户之间自动移动资金（这可以使信贷资金一天内达到客户账户，同时减少50%银行纸质支付通知）。

• 在启用统一网络系统后，巴克莱银行开始考虑如何让支付业务的启动分行在系统中输入支付指令以减少处理支付的时间。

• 接入票据自动支付系统（原来票据交换所的替代者）以使机器自动处理提交的85%的票据交换支付业务。

• 使用SWIFT以及之后的内部系统革新开始让巴克莱银行快速地使公司内外业务同直通处理系统（STP）接轨，从而大大地提高工作效率。

这种情况在银行界随处可见。正如花旗银行的艾瑞克·赛普卡斯（Erik Sepkes）说的：

（我们的）银行有我们自己的标准……但突然我们意识到为什么要有我们自己的标准？如果我们在银行以外使用一个不同的标准，我们为什么不在我们银行内部也使用这个标准？从那时起，我们在银行内部就开始使用SWIFT的标准，并将通过它的系统传送的信息接入我们内部的设施。我们发现这么做对每个人都很方便[4]。

综上所述，原意大利商业银行的雷纳托·波罗（Renato Polo）说：我觉得不但银行跟银行或金融机构跟金融机构的交流，就是市场上任何涉及商业的交流，从开始到结束，都需要一个更高的须达到的标准[5]。

Notes

1. Jacques, Cerveau, interviewed by Susan Scott [in person], Paris, 13 February 2012.
2. Information retrieved from Barclays Group Archives (BGA), HOC 138–77.
3. Retired back-office bank professional Chris Norton described the most common first wave of SWIFT-related automation projects as follows: "firstly, payments MT 100; dealing confirmation; reconciliation; statements. This might continue with inward nostro, confirmation, and generating nostro statements." Norton (interviewed by Susan Scott and Markos Zachariadis [in person], London, 22 July 2010).
4. Eric Sepkes (interviewed by Susan Scott and Markos Zachariadis [in person], London, 13 November 2008).
5. Renato Polo (interviewed by Susan Scott [by telephone], 20 November 2009).

对信息处理领域内标准经济学的研究显示标准化的益处非常明显[9]。信息标准开发的不同团队之间可以分摊固定研发工作成本及降低日常交易费用。同时，任何可能减少人工操作及与之相伴的可能的人工操作错误的提议都可以提高今后的业务效率。当这些跟信息通信技术和接口管理革新相结合，信息标准化的普及就不再需要银行员工重复地将信息通过人工从一个系统输入另外一个系统，支付指令也可以通过格式化了的系统语言在不同金融机构之间直接提交。这可以提高数据质量，改进交易处理速度，降低业务成本及减少业务风险[10]。金融服务行业的信息标准潜在的益处其实远远超过直通处理程序的狭隘范畴。信息标准设置可以帮助现代经济建立一个技术基础设施，重塑竞争及创新[11]。如果信息标准化的好处如此之多，那么阻碍这个共同的"行业标准"的广泛自愿性共识（使用）的阻力是什么？

首先，当不同的机构出于获取竞争优势的考虑对其他标准进行投资时，相互竞争的标准就有可能出现。或者，市场上某些机构可能因为各式各样的原因认为现行的标准不能满足它们的需求，比如，某个现行标准可以被某个代理中介或者希望推销其专利产品或服务的机构强加给用户，或植入已经被客户使用的系统。其次，标准可以随意地建立在没有直接竞争关系的系统程序上，然后任由个人和机构选择[12]，也都会引起用户的不满从而促使新的标准的出现。

由于启动标准规化的机制不同，对标准的介绍一般都会对赞助标准、非赞助标准、标准协议及强制执行标准加以区分[13]。非赞助标准不会显示每个标准要件的原始开发者，但使用这种标准的用户会有一个具体和记录清晰的开发说明。这种对所有人公开的标准对其早期客户来说通常有一定的使用门槛以便标准的开发者或代理商在市场上进行推广。一个比较典型的例子就是在20世纪80年代使用数量呈指数增长的电传机[14]。赞助的标准通常由一个或多个机构支持，这些机构可以是供应商，或是用户，或是私人合作风投机构，他们跟将要研发的标准有直接利害关系并希望通过今后可能的市场普及和标准向其他领域延伸获得收益[15]。但这里就会出现一个问题：虽然用户都希望通过成功的标准研发获得今后增加的网络增值，但如果他们的竞争对手也参与研发，则他们就需要跟竞争对手分享成功的标准给他们带来的利润。[16]自愿标准协议或者叫用户自愿联盟一般由标准的研发机构发起，类似美国的美国国家标准所（the American National Standards Institute，ANSI）或者国际标准化组织（the International Organization for Standardization，

ISO)，这类组织使用的研发标准的程序被称为“由委员会决定标准”程序，它们所使用的标准化机制被认为比其他一些设置标准的机构所使用的机制好得多[17]。

不同机制的组合可以在一定条件下共存，这种共存会产生不同的效果及（在不考虑标准优劣的前提下）出现相互竞争的标准[18]。金融服务领域提供了一些有意思的标准设置例子[19]。比如，20世纪80年代，花旗银行的专利自动提款机开始跟覆盖全美的Cirrus及Plus提款机竞争自动提款业务，但之后，花旗银行决定使它的提款机与它竞争对手的提款机互认并且最终在1991年将花旗银行的提款机业务接入它的竞争对手的系统[20]。在1992年，一些从事股权交易的证券公司以市场上没有适合他们业务的信息标准为由开发了一系列信息格式，以支持股权交易过程中的直通处理程序并帮助加快跟客户交流的速度。但他们的说法不准确，因为他们的金融信息交换协议（Financial Information eXchange，FIX）是跟其他标准设置机构如SWIFT及国际标准化组织开发的标准直接竞争的标准[21]。使不同标准彼此趋同的道路会很漫长并且还会充满曲折。在接下来的两节中我们将介绍SWIFT信息标准化是如何开始的，以及那些标准是如何发展以为其客户提供服务的。

SWIFT 专利信息报文标准

开发出一种能成为交易自动化程序基础的通用语言从一开始就是SWIFT研发的首要目的。在它的第一年年报中，接替约翰内斯·克拉出任SWIFT董事会主席的弗朗索瓦·登茨将会员银行在取得信息报文标准共识上的积极参与及合作说成是“巨大的成绩”，并且预期工作效率的提高会比任何可能的传输成本的减少更重要[22]。但即使他这么说，当SWIFT开始研发其信息标准时，人们也只把它当成是另外一个在其专利系统上操作信息传送的服务商，并不把它当成标准化组织。其标准化的重要性因对技术发展的关注被忽视[23]。那时的SWIFT正在全球铺设SWIFT线路，获取关键客户并说服更多的跨国银行使用SWIFT服务。除了为旅游行业开发客户群内信息交流系统的国际航空电信公司[24]，没有任何其他行业成功开发和普及过全球私营信息交流系统。

SWIFT认为业务系统操作效率是设计的重点，所以开始的信息标准注重了兼容性以使银行客户现有的操作程序及技术符合顺利接入SWIFT系统的要求。新的SWIFT系统语言很大程度上是受电传（通过连接电话线路两端的打印机传送信息）技术的影响，那时，电子通信标准是银行业的主要通信标准。但SWIFT开发出的信息格式可以解决电传通信中的局限性[25]，同时还能跟电传共同使用。佛兰克·冯德曼（Frank Vandamme）说：

我们在现有电传信息流和SWIFT电子信息流的兼容性方面做了大量工作，虽然通过SWIFT系统传送的信息看起来跟通过电传传送的信息差不多，但SWIFT信息的结构更加复杂[26]。其结果就是，同样的信息可以根据目的地的不同既可以通过电传发送，也可以通过SWIFT系统发送。这对早期推广SWIFT至关重要，因为当时很多银行还在使用老技术传送信息。但这种情况同时也限制了创新及开发更加灵活通信技术的可能。

信息类型（MT）及结构

尽管有建立在电传格式基础之上的局限性，但SWIFT在信息标准化领域内的工作，为今后在金融行业很多业务领域内出现的事实上的SWIFT信息标准时代打下了基础。而瑞士联邦理工学院苏黎世分校的麦克斯·英吉利（Max Engeli）教授被大多数人认为是设计第一个SWIFT信息标准的关键人物[27]。作为局外人并且没有任何银行从业经验的英吉利[28]笃信标准的作用，并且一直认为："对SWIFT来说，其网络系统无疑会对银行产生巨大的影响。但标准是最重要的。"[29]作为具有物理学背景并对计算机和应用数学非常有兴趣的教授[30]，他设计了最初的SWIFT信息架构并定义了用户将要使用的不同的信息区域[31]。在研发过程中，艾瑞克·文那霍姆（Erik Wennerholm，标准部门的头儿）和艾莱克·纳卡穆利（Alec Nacamuli，市场部经理）的作用非常关键，他们去世界各地拜访SWIFT今后可能的银行用户并从各自所处部门的角度向那些银行介绍新的信息标准。他们被称作两个信息标准化的“信徒”[32]。让银行认识到标准化能为他们带来好处不但取决于设计，同时也取决于今后的使用，所以让银行参与到标准化的设计过程中就显得非常重要。

那些对标准化没兴趣的人经常把设计标准的工作说成是奇怪的谨小慎微的工作，但那些从事标准化工作的却认为它是需要特殊技术组合的激情事业[33]。对细节的专注需要跟战略视野相结合，而这两者则需要辅以外交说服能力才能最终说服其他人参与这个项目。那些从事研发SWIFT技术的人必须有能力确定在什么地方和什么时间改正问题[34]。虽然坚信他们的事业，但标准化的从业者也需要有做出某些让步的能力，因为他们清楚只有标准被普遍接受，最终的高效结果才能出现。虽然有从事标准化的专业人员，但许多非专业人员也自愿牺牲了他们的时间和精力从事这方面的研究，因为他们的眼光已经超出了涉及某个企业的短期效率，这正是瑞纳托·泼罗（Renato Polo）所说的“更高的境界”。这些志愿者被称作标准化运动的组成部分，就像我们前面提到的，标准化是推动全球化的助推器。在我们下面开始分析过去几代标准化的研发细节时，牢记这一点很重要。

首先，让我们来介绍SWIFT研发的第一代金融信息。这代信息根据不同的交易分类。每类信息使用3个数字编辑。因为银行是SWIFT的原始股东，所以最初SWIFT信息主要用于银行的交易业务。最常用的信息种类是第一种，这类信息涉及用户现金转移支付指令。在每类MT信息中，第1个数字表示服务种类，第2和第3个数字分别代表组群及信息类型（见图3.1）。[35]

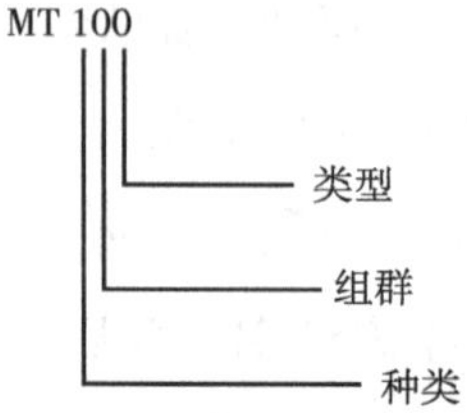

图3.1 （用户）点对点MT示意图[36]

读者可以通过图3.1了解SWIFT最初的信息类型情况。

表3.1显示了最初信息种类的情况。增加的信息种类是为新的需求和金融行业内不同领域内自动化预备的：种类3涉及现金市场和衍生品；种类4涉及催收和现金函件；种类5涉及证券交易市场；种类6涉及贵金属市场和辛迪加；种类7涉及跟单信用证及保函以及种类8涉及旅行支票[37]。图3.2显示了在20世纪80年代纸质支付指令是如何向SWIFT MT 100过渡的。

表3.1 第一代SWIFT的信息（MT）种型

种类	信息类型
1	用户现金转移
2	银行现金转移
3	外汇及信贷/存款
4	说明
群组内常用信息	询问/回复/没有格式要求

资料来源：主要来自巴克莱银行档案，编号：80–4134，June 1975。

注：信息编码的第一个数字显示群组内常用信息归属，第二和第三个数字表示信息的相关使用情况（比如MT n95）。如果信息编码是MT 195，则表示对客户现金转移的询问；询问信息编码是MT 995则表示对相关业务说明的询问等。

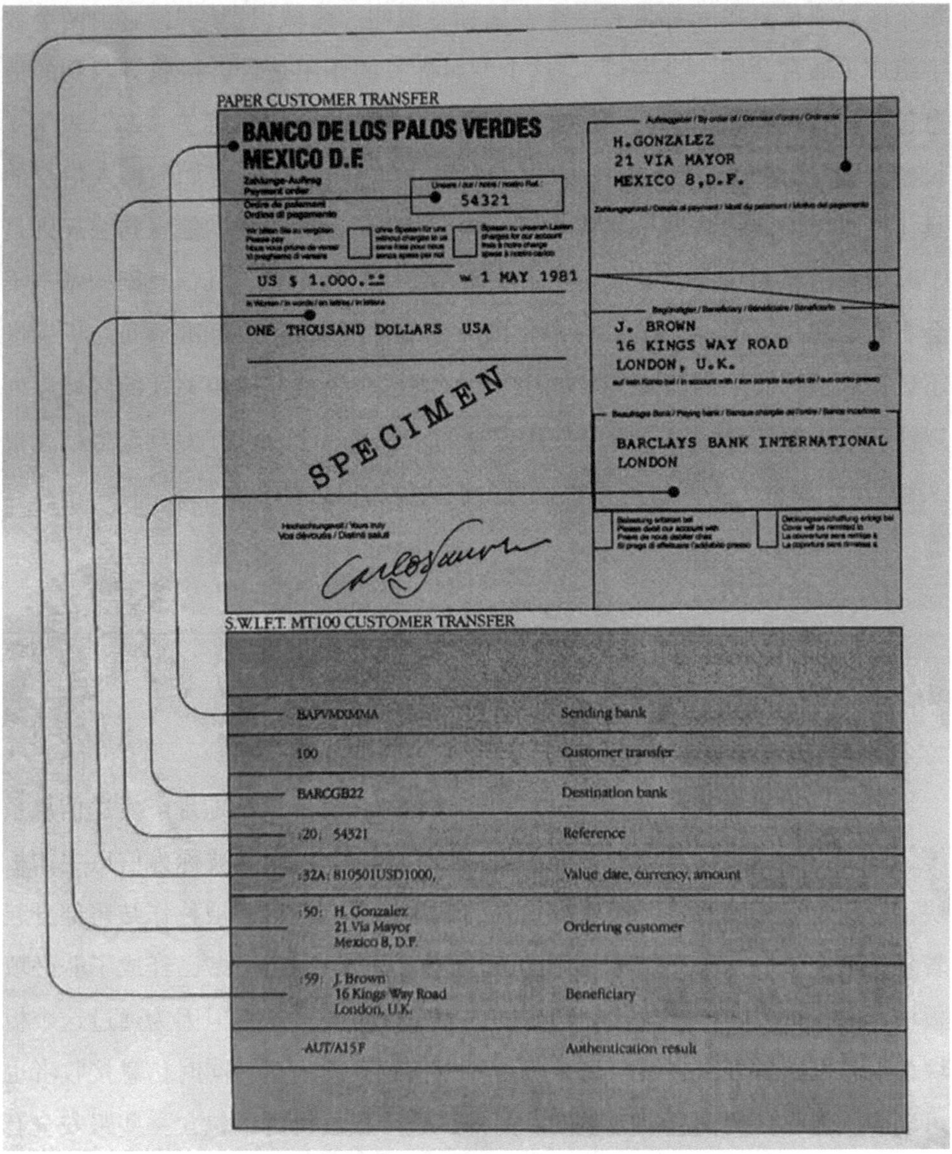

图3.2　从纸质客户现金转移指令过渡到SWIFT MT 100[38]

每个实际SWIFT信息都包括多个区域及二级区域，这些区域具有明确的商业使用目的并且体现着SWIFT特有的信息结构或叫金融信息报文结构[39]。

每个区域或信息单元都带有一个专属标签或叫“区域识别码”，它由两个数字组成（通常会跟一个字母）。这个专属标签的作用是告诉接收方收到的信息包含什么内容[40]。比如，在MT 100的信息格式中，专属标签“20”表示支付参考编号，“50”涉及委托客户信息等。信息句法规定着如何输入信息的具体格式，即实际数据是如何在区域内摆放的[41]。理解具体信息句法规则是了解信息内容的前提。虽然只要系统还在使用某种信息，其信息架构基本不会有大的变化，但SWIFT在1999年国际标准化组织15022标准颁布之后引进了数据区域“簇”的概念[42]，它们被用来表示一个重复或相关联的区域序列以便区域内的信息可以被重复使用。总的来说，一个SWIFT专利金融信息报文包括5个服务于不同目的板块，每个板块里的信息都非常重要：

{1：基本标头板块}

{2：应用标头板块}

{3：用户标头板块}

{4：内容板块}

{5：结尾板块}

板块1—3被称作信息标头，它包含接收方信息：系统地址、发送信息系统、专属指令识别编号信息以及发送时间和日期。板块4被称为信息主体板块，它包含在区域及二级区域内输入的具体指令。最后是被称作结尾部分起着延长报文或提示报文结束作用的板块5[43]。虽然现在板块5已经成了非必填板块，但在过去的电传时代它包含的内容非常重要，这不但因为通过这个板块，信息发送者可以告诉信息接收者所发信息到此为止，同时信息接收者也可以确认他收到的信息是完整的。另外，这个板块也可以包含一些跟安全有关的信息，比如，信息验证码（Message Authentication Code，MAC）以保证信息的安全和完整性。

下面是一个完整的MT 100信息报文[44]

Block 1 {1：**F** 01BCITITMMAXXX0012000123}

Block 2 {2：O**1000**840010605 **BNPAFRPPAXXX**

0012007896010605105 1U3}

Block 3 {3：{108：BCITITMMA950906}}

Block 4 {4：<CRLF>

: 20：1234567890

: 32A：010605GBP45000,

: 50：MASTERS IMPORT

RUE DES ARBRES 119 <CRLF>

CAMBRAI<CRLF>

: 52A：BNPAFRPPCAM<CRLF>

: 53A：POCIITMM680<CRLF>

: **57A**：BCITITMM680<CRLF>

: 59：/P03452032022819 30<CRLF>

GRAND IMPORT<CRLF>

PESCARA<CRLF>

: 70：/RFB/INV 5591<CRLF>

–}

Block 5 {5：MAC：12345678CHK：123456789ABC}}

粗体字代表着重要信息，比如板块1中的“**F**”表示这个信息是通过金融信息报文格式发送的。板块2中**1000**表示客户资金转移，后面的“**BNPAFRPPAXXX**”是接收者SWIFT地址。板块4内的“**57A**”表示支付受益人银行或金融机构名称，其中的“**A**”代表银行或金融机构专属识别码以提高系统自动化处理程度。

这些看起来枯燥的细节降低了错误发生率，大大提高了银行交易的准确性。原来在银行工作后来成为SWIFT标准部主管的杰米·谢伊（Jamie Shay）说：

我记得1977年9月26日我站在打印机前等待第一个信息报文被打印出来的情景。当我们看到我们的SWIFT报文质量比人们一直使用的传真（这之后，传真依然被广泛使用）好得多时，我们欣喜若狂。传真信息因为语言差别和缺少架构，常常被误读。SWIFT解决了这个问题。

开发全球银行识别码（Bank Identifier Code，BIC）是更好地利用SWIFT银行客户群和使交易双方顺利交换交易信息的关键步骤。因为国际标准化组织（ISO）一直深入介入开发银行识别码，这就促使SWIFT开始思考它如何跟其他标准化组织，比如国际标准化组织，建立关系以便能在更广泛的金融服务领域内推广SWIFT信息报文标准。

SWIFT信息报文标准的发展及其与国际标准化组织（ISO）的关系

定义银行识别码的结构和组成要素［为吸引更多非银行客户使用SWIFT服务，银行识别码（Bank Identifier Code），现在已被业务识别码（Business Identifier Code）所取代］被认为是在银行及其他相关支付领域内实现自动处理电子通信信息努力必不可少的组成部分[45]。显然，在这个标准化过程中，全球性的标准普及和建立重点客户群非常重要，这也是银行家们为何都想跟SWIFT和其他标准化组织同时保持关系的原因。1986年，在国际标准化组织的一次会议上，法兰西银行的尼可拉斯·德塞泽（Nicolas de Sèze）和意大利商业银行的雷纳托·波罗共同提出应该赋予所有金融机构一个机器能读懂的编码[46]以自动处理支付业务。SWIFT随后采用了国际标准化组织的这个编码标准并同其合作开发出ISO 9362标准（这个标准于1987年公布），同时，国际标准化组织指定SWIFT为这个标准的注册机构（Registration Authority，RA）。从此，包含12个字母的银行识别码（BIC）就成了SWIFT客户银行的

SWIFT地址或SWIFT编码（见图3.3）。

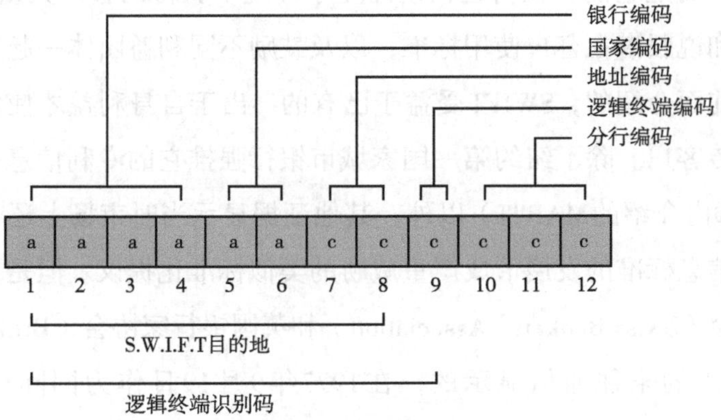

图3.3　SWIFT地址（银行识别码）组成要件

资料来源：《SWIFT User Handbook，Standards General Information》2001年11月版。

注："a"表示只能输入字母，"c"表示只能输入字母及数字组合。

前4个字母代表着全球金融机构特有的识别编码（银行编码）。接下来的2个字母代表国家缩写，它使用alpha-2 ISO 3166-1标准（比如GR代表希腊）。第7和第8个字母代表地点编码和所在地区，或使用者所在的城市。接下来的字母代表逻辑终端识别码。最后3个字母和数字组合代表分行编号[47]。SWIFT会在其银行识别码目录内公布所有注册机构的SWIFT地址（但不包括逻辑终端识别码，是否公布分行编号由客户决定）。包含8个字母的银行识别码称作BIC 8，它的格式是"BNPAFRPP"。

在SWIFT向市场推出其信息报文服务后，所有拥有SWIFT银行识别码的银行都可以使用这种服务。但并不是所有拥有SWIFT银行识别码的机构都是SWIFT的用户。因为存在这种情况，SWIFT将其银行识别码分成SWIFT银行识别码（SWIFT BICs）和非SWIFT银行识别码（NonSWIFT BICs），后者表明持有机构不是SWIFT网络中的一员。银行识别码是一个通过国际标准将金融机构联系起来的例子，但它也提出一个有趣的问题，即国际机构什么时候及如何在标准的问题上进行合作。SWIFT决定进行更多的收购以便在电传[48]的基础上建立信息报文系统，说明建立一个行业标准并不完全取决于先进的技术，而是它能够在营运初期的竞争环境中获得的客户数量[49]。公布标准的时间和说服潜在客户使用标准，以及鼓励不同利益团体一起工作非常关键。正像前面介绍的，SWIFT受益于已有的、出于自身利益才使用其服务的原来的电传客户。除了纽约第一国家城市银行强推它的专利信息标准（即我们在第1章内介绍的MARTI）以外，其他证据显示当时市场上还有其他足以对SWIFT信息标准的发展形成严重威胁的类似标准化提议。但是，正像瑞士银行家协会（Swiss Bankers' Association）和英国银行家协会（British Bankers' Association）的来往通信显示的，在1977年9月19日作为国际标准化组织TC68（technical committee on banking，securities and other related services，银行、证券及其他相关服务技术委员会）秘书处的美国国家标准协会向组织的成员国提交了建立往来账户对账标准的建议[50]。在跟英国银行家协会沟通后，瑞士人给美国国家标准协会回复了下面的信函：

瑞士银行支持日常对账标准的和谐性，但这需要建立在SWIFT系统（MT 950）标准基础之上。瑞士的一个工作组目前正在重新审视现行的SWIFT标准。不久它将会向SWIFT国际标准部门提交它的报告以作为SWIFT决定的参考……结论是，国际标准化组织的成员国根本就不应该介入跟其他成员国分别讨论应由布鲁塞尔的SWIFT决定的事，以避免建立两个不同的标准[51]。

这是SWIFT会员机构如何维护SWIFT标准以及都希望集中行业内资源的例子[52]。国际标准化组织支持的重新制作一个类似SWIFT支付标准的企图没有获得SWIFT会员机构支持的原因是，国际标准化组织在系统内维护和复制修改标准的成本巨大，同时，让国际标准化组织重新注册一个已经被SWIFT注册了的信息标准看起来似乎也没有多大价值[53]。

但国际标准化组织也为在SWIFT会员机构不能兼顾的一些金融服务领域开发业务标准提供了一个平台。比如，在20世纪80年代初股权交易兴起的时候，证券行业就曾积极地致力于将他们的业务置于国际标准化组织的证券及相关金融凭证委员会（这是处于国际标准化组织TC 68之下的二级委员会）之内[54]。那段时间，由这些国际标准化组织内部委员会成立的联合工作组（WG2）依据ISO 7775[55]标准开发了一系列涉及证券的信息标准（MT 500s）。这个建立在SWIFT已有专利语言上的标准包括近50个信息，1984—1997年这些信息由SWIFT在其系统中逐步使用[56]。之后，国际标准化组织要求SWIFT在其系统内保持这个信息标准。但即使国际标准化组织投入了大量资源以期在金融行业建立国际通用的信息标准，上述ISO 7775最终还是没能成功地成为证券行业唯一标准。

ISO 7775的一个主要局限性是它是由托管银行开发的并且不支持证券交易期内所有点对点的交易，因此交易过程中的一些重要业务，比如交易前的信息流，没有被这个标准所覆盖。这是由标准工作揭示出的一个更深层次的管理方式问题。就这个证券信息标准来说，其问题是什么应该被这个标准所覆盖，什么不应被覆盖，这其实还反映出另外一个更大的问题，即SWIFT是否应该坚持只有银行才能成为它的会员，或它应该向更多的行业开放。在游说SWIFT但依然被拒之门外后，证券行业觉得SWIFT没有把他们放在眼里。前SWIFT标准部主任杰米·谢伊（Jamie Shay）回忆道：

我们经常被指责有些行业不能使用我们开发的信息报文……这种情况就是发生在证券行业……关于什么应该包括在信息报文内是有不同的观点的，市场上有议论，我们在开发前没有跟证券公司交流过，我们在开发的过程中只跟银行交流，但有时买卖是由中间商和资产经理完成的[57]。

SWIFT系统是使用ISO 7775标准收发报文的主要平台。但因为证券公司没有被允许使用SWIFT系统[58]，致使很多机构怀疑它们是否应该使用这个由私营合作组织开发的标准[59]。最后，因为市场上缺少开发相关专属应用和商业软件的软件开发商，在SWIFT系统内安装用于ISO 7775的词法被认为成本巨大。为解决这个问题，其他标准建议遂被提出以填补和补充SWIFT不能覆盖的领域。FIX就是其中最突出的一个[60]。

大约在20世纪90年代中期，更多的ISO 7775标准的局限性暴露了出来。那时证券行业飞速发展，但国际标准化组织修改标准的审批程序及处理标准短板的时间很长，一般需要18个月的时间。同时，更多的技术问题比如质量不高的信息词法、对报文区域内商业含义的困惑、信息之间缺乏互动（缘于这个标准是独立开发的，它并没有考虑跟其他信息报文的关系）以及区域标识限制（仅限99个选项）让ISO 7775标准的使用者在操作过程中遇到了更多困难[61]。其结果就是证券行业要求国际标准化组织成立一个旨在开发一个全新的信息标准（不是对原来的信息标准进行修改）的工作组，以尽可能多地保护这些企业对ISO 7775标准的投资[62]。这个要求促使国际标准化组织内的技术和证券委员会领衔开发了ISO 15022标准，并在1999年3月公布了这个标准[63]。跟ISO 7775不同，ISO 15022标准没有系统内不同信息的说明，它只提供事先准备好了的信息的详细词法和规则，使用这些词法和规则就可以在系统内生成信息[64]。将信息和标准分开可以加速信息在SWIFT系统内生成和维护的时间，这两项工作是作为国际标准化组织注册管理机构的SWIFT的职责（不需要国际标准化组织的同意）。

ISO 15022的主要创新是它以实际商业用语定义信息的方式。它提供了包含商业元素名称和定义的数据区文本（Data Field Dictionary，DFD）。它生成信息的方式（类似语言中的单词）使报文内的信息含义跟实际金融服务行业术语相符。这些定义跟原来的词法没有关系并且可相互借用，同时，ISO 15022也详细规定了如何使用这些词法以生成信息报文的规则[65]。SWIFT将所有使用过的商业元素名称及其适用范围装订成册以方便用户随时使用，同时，ISO 15022也允许跟其他标准，比如EDIFACT（ISO 15022可以识别和接收这个标准的词法）[66]之间的互动。以上的变化提高了自动化的程度，而自动化程度的提高反过来又使在相关证券交易领域内进一步提高直通处理程序程度成为可能。

虽然ISO 15022有了一些重要改进，但快速出现的全球化市场以及新的网络科技预示着改变还会发生，而这次的改变来得比预期早得多。在ISO 15022标准被公布之前，SWIFT也在同其他标准制定机构，比如联合国贸易便利化和电子商务中心（UN/ CEFACT）[67]，紧密合作以进一步改进信息标准开发和提高其对商业服务的程度。其目的是开发出一个建立在对点对点商业程序更深理解的基础之上，能在更大的范围内更好地融合商业交易链的信息标准[68]。被金融服务行业广泛接受的XML（eXtensible Markup Language，可扩展标记语言信息文本）语言的出现为开发这种市场期待的标准提供了技术支持（见专栏3.2）。SWIFT董事会在1999年同意使用XML语言格式来开发一种新的信息报文标准[69]。这正好跟SWIFT决定使用IP地址建立SWIFTNet平台的时间相契合。公开的信息标准那时已经成为金融行业的趋势，XML语言也被认为是比费事地彻底修改当时的金融信息报文词法更好的选择。

专栏3.2 XML

XML（eXtensible Markup Language）语言是在1998年由万维网联盟（World Wide Web Consortium，W3C）赞助开发的。它借鉴使用了标准通用置标语言（SGML）的技术及其可延性和超文本标记语言（HTML）的简单性。目前XML已在多个行业内被广泛使用，并且已成为互联网领域最流行的用于电子加密编译文件的语言句法。XML的普遍应用意味着它的技术可以在不同的环境中使用[1]。它的成功源于两个原因：首先，它提供了一个计算机能读懂的正常报文或信息的架构（体现在区域和它们的格式上）；其次，XML使用了用户需要的“自己解释”方式来说明传送信息的含义，并且标注出每个信息的起始和终止点[2]。这些特点让XML比被国际标准化组织采用的SWIFT金融信息报文标准（ISO 15022）更受市场欢迎，它因此也成为可被“计算机处理的示范性语言”（见表3.2）[3]。在实际操作中，这意味着报文信息可以通过设置以更低的成本输入发送系统以此减少了大量人工输入工作[4]。

表3.2 XML跟SWIFT专利信息句法规则对比

XML句法规则	SWIFT句法规则
<CdtTrfTxInf>	**: 32A : 091029USD12500，**
<IntrBkSttlmAmt	
Ccy= '**USD**' >**12500** </IntrBkSttlmAmt>	**: 50K : /8754219990 ACME**
<IntrBkSttlmDt>**2009-10-29**</IntrBkSttlmDt>	
<Dbtr>	**NV.AMSTEL 344**
<Nm>**ACME NV.**</Nm>	
<PstlAdr>	**AMSTERDAM**
<StrtNm>**Amstel**</StrtNm>	
<BldgNb>344</BldgNb>	**NETHERLANDS**
<TwnNm>**Amsterdam**</TwnNm>	**: 52A : EXABNL2U**
<Ctry >NL<Ctry>	
</PstlAdr>	
</Dbtr>	
<DbtrAcct>	
<Id>	
<Othr>	
<Id>**8754219990**</Id>	
</Othr>	
</Id>	
</DbtrAcct>	
<DbtrAgt>	
<FinInstnId>	
<BIC>>**EXABNL2U**</BIC>	
</FinInstnId>	
</DbtrAgt>	
</CdtTrfTxInf>	

资料来源：SWIFT标准团队ISO 20022复制文件6-8。

Notes

1. Gottfried Leibbrandt, "The interoperability revolution," *Journal of Payments Strategy and Systems* , 2 (1) (2007): 95–106.
2. Ayesha Khanna, *Straight-Through Processing for Financial Services* (Burlington, MA: Elsevier, 2008): 76; Although XML can identify fields, it is not able to pass on specific meanings for each field. This is a disadvantage when there is much heterogeneity in the types of messages being communicated in the network and the same fields can have different meanings. Also, while XML is inherently flexible, once fields are defined then messages need to be formatted accordingly, leaving little room to include optional fields. This aspect can be both good and bad as highly standardized messages reduce errors significantly but can also be characterized as "over-engineered" and inflexible (see Bob Hills, "Common message standards for electronic commerce in wholesale financial markets" , *Bank of England Quarterly Bulletin* , August (2000): 274–85).
3. SWIFT, *Simple XML: An Introduction to the SWIFT Community* .
4. While XML has the potential to reduce the processing time and allow for more automation (as the instructions can be passed on mechanically to other parties in the network and be fed into supplementary applications and accounting systems), the size and complexity of the message can also play a role in this process. Looking at the example above, it is obvious that the selfdescribing XML syntax is substantially larger, as a text file, than the FIN one, a detail that, depending on the context, may count against it. This may not seem important in a payments or a settlement setting. However, it can have a significant impact in securities trading where time is critical and even microseconds count. For example, FIX uses short field tags in order to increase the speed of transmissions in trading (see Leibbrandt, "The Interoperability Revolution"): 96.

为避免受到多个不相关的XML标准提议的影响和向XML平稳过渡，证券行业在2000年成立了一个包括全球直通处理协会（GSTPA）、欧洲结算系统（Euroclear）和SWIFT等在内的非正式的组织。因为最初的讨论只涉及证券行业，所以它将讨论下放给了一个专业工作小组（WG10，后来这个工作组的工作被国际标准化组织的银行和证券委员会接管了）。这个工作小组的工作就是研究如何改进ISO 15022以使证券行业可以使用标准化了的XML信息格式，并保证行业内系统标准之间的兼容性[70]。到了2002年底，国际标准化组织批准了工作小组和委员会提交的建议，并将建议发给会员征询意见，作为他们是否同意建议内容的投票依据。在这个过程中，工作组也调查了已经使用了XML（ebXML-E-Business）[71]，FIX，FpML，MDDL（Market Data Definition Language）以及RIXML（Research Information Exchange Markup Language）其他主要工业及金融领域的情况。

使ISO 20022成为全球通用信息报文标准

工作组（WG10）对开发一个持久统一的可以服务于整个供应链，并对整个金融及其他行业具有兼容性信息标准的执着让它重新思考15022XML方案。从"从现在起，新的信息标准不应该只服务证券行业，它应该向所有需要信息交换服务的行业提供这种服务"的呼声被重视开始，主导开发适用于银行、证券及相关金融服务业新标准的责任就被移交给技术委员会（TG68）[72]。在这之后的2004年，被称为全球金融行业信息计划（UNIversal Financial Industry message scheme，UNIFI[73]）发布了其研发成果：ISO 20022标准。作为对研发ISO 15022作出过贡献和参加过ISO 15022 XML标准讨论的SWIFT，依然保持了其作为注册ISO 20022独特官方注册机构的地位[74]。

ISO 20022不是一个传统意义上的信息标准，它是一个由多重部分组成帮助系统生成信息的指南[75]，因此它也被称为是标准中的标准。这个标准的适用性比ISO 15022更强，它不但包含了ISO程序技术标准化[76]，同时，也兼顾了对信息词法会随着时间变化而变化的考虑。ISO 20022信息标准开发和维护方法依赖3个独特的层级概念，第一是商业程序和概念层，这层包含了所有商业程序定义，包括参与者的作用以及完成业务所需要的信息，最后的商业信息模型通常是使用标准建模语言（Unified Modelling Language，UML）完成编写的。第二是逻辑信息层，它包括跟某个具体交易相关元素的所有信息，这些信息在这个层级中以分级的方式被组织在一起。第三是词法层，这是使用XML作为其基本词法实际显示逻辑信息的层级[77]。上述三个层级内的全部内容被储存在一个公共储存库内（类似ISO 15022的区域信息文本，但其容量要比它大得多），以便信息的组成部分及其结构可以被识别和在不同的金融服务行业的信息报文中不断地被重复使用[78]。

将不同的层级分开和建立商业术语库是新的金融信息报文标准化方式的核心并且具有多重成效。首先，模型提供了抽象和技术性中性的表述方法，这种方法将商业讨论跟标准信息的投递分开[79]。从词法中独立出来后，不管讨论内容是什么（或今后的内容是什么），商业模型可以一直有效，这样可以让使用者通过不同的词法（如果他们愿意）来表述逻辑信息。但更重要的是，通过层级的角度去看信息标准能扩大点对点交易的视野，它具有囊括全球范围内供应链（交易）而不仅仅提供区域性交易解决办法的潜力，而后者会导致市场碎裂。

用SWIFT作为他们的集体调度员可为金融机构带来很多好处。这不但因为SWIFT提供了信息系统的稳定性，同时它也向应用程序的开发者和提供问题解决方案的机构提供了大量的帮助。它因此也保证了由第三方开发的项目记录可以同时被放入一个储存着商业程序、逻辑信息和它们的词法的标准储存库内。

趋同的信息报文标准及其兼容性需求

虽然承诺依据ISO 20022标准生成金融信息报文的方式优于MT方式并且

可以为信息的兼容性奠定基础，但放弃建立在老的金融信息报文格式（FIN）基础之上的标准以使用新的依据XML开发的报文格式的计划没有被采纳并被无限期地推迟了。原来从ISO 7775到ISO 15022的高效转化是因为不但有转换的最后期限，同时，如果用户继续使用前者就会面临一定金额的处罚。直到转换正式开始后，证券行业才真正认识到ISO 15022在直通处理程序（STP）中的价值。虽然相对ISO 7775，用户能获得更多好处并且对直通处理程序更有帮助，但完成这个转换也会让用户付出高昂的费用，这也是证券行业对做再一次转换（从ISO 15022转换到ISO 20022）没有多大兴趣的原因[80]。意识到转换速度的降低和金融行业内不同业务对信息报文的要求差别巨大，SWIFT采用了一个比较灵活的战术方式：允许两种信息报文格式同时存在。现在，SWIFT系统支持三代标准（只要它们能在某个层面上有效地促成点对点商业交易）[81]：金融信息报文（FIN）、ISO 15022及ISO 20022（它们彼此的词法和详细信息内容相互独立）。虽然这种三代标准共存的方式影响了行业内的效率目标，但用户因此有了根据需要选择更多数据及使用能够兼容老的应用和系统服务的机会。

多数情况下，ISO 20022被看作一个统一工具，这个特殊的中间衔接应用软件可以将一个系统的信息翻译成另一个系统可以识别的信息。对许多金融机构来说，短期看，只要能保证信息传送效率和在一定程度上确保直通处理程序，使用前述方式比完全转换系统更省钱。图3.4展示了如何将MT 103格式条件下客户信贷额信息转换成使用ISO 20022和XML词法编写的MX Pac.008.001.02格式条件下信息的例子。信息在不同系统内转换的路径技术在金融领域很常见，因为很多金融机构依然使用旧的格式在机构内部存储和交换信息，然后再使用外部系统格式传送这些信息。这也是证券行业从ISO 7775向ISO 15022转换过程中发生的情况。虽然ISO 7775在2001年就已经过时了，但很多公司在其内部依然使用这个老的信息标准（甚至有些公司也用老标准跟它们的客户交换信息）[82]。

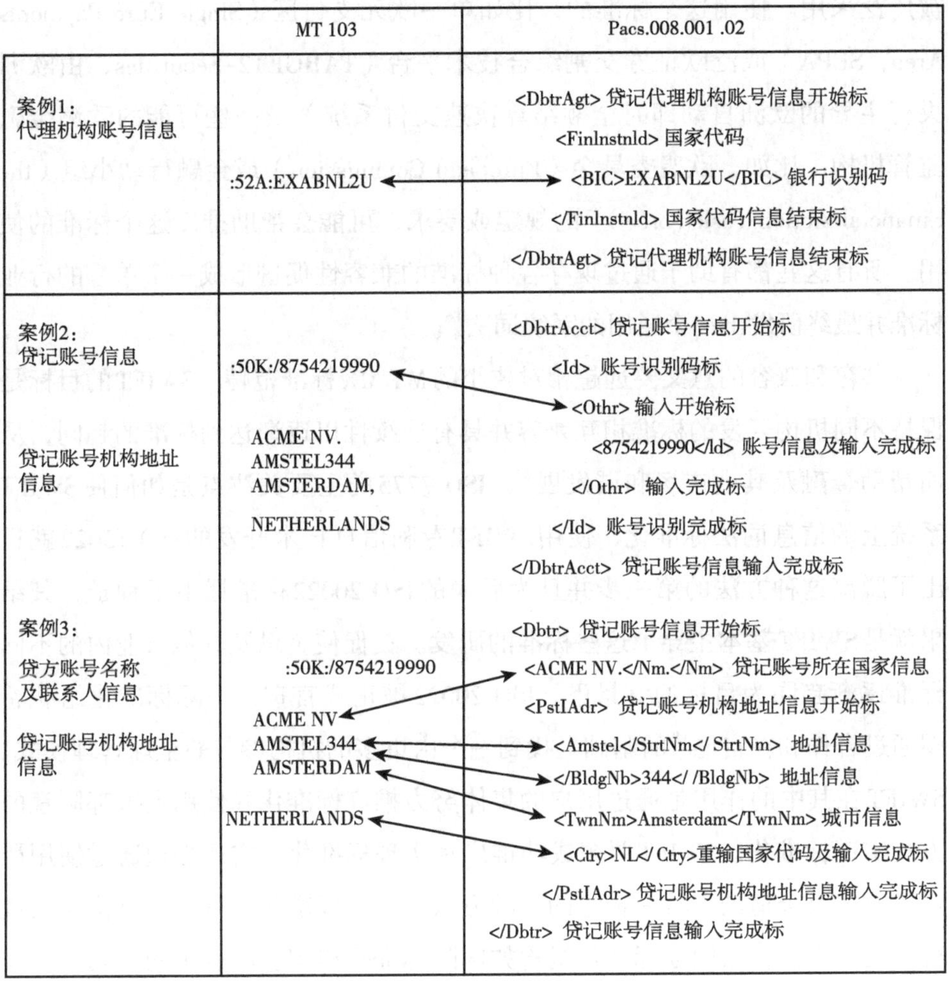

图3.4　将客户信贷额从FIN MT 103格式转换到使用ISO 20022 XML开发的信息格式[83]

资料来源：SWIFT。

目前，需要支持不同标准兼容和保持金融信息标准（FIN）和使用XML开发的信息标准并存状态是行业内热议的话题，它也常常是SWIFT和行业期刊讨论的一个课题[84]。跟前一个标准一样，ISO 20022在普遍使用前依然是一个有限使用的标准[85]，换句话说，这个标准只有在大量关键用户使用后才能被广泛采用。使用这个标准的，比如单一欧元支付区（Single Euro Payments Area，SEPA）或泛欧证券交割综合技术平台（TARGET2-Securities，由欧洲央行主导的欧洲自动即时全额结算快速支付系统）及一些可能的欧洲金融监管机构［比如，欧盟委员会（European Commission）或金融行动小组（the Financial Action Task Force）］的规定或要求，可能会帮助推广这个标准的使用。所有这些都有助于通过现存各种标准的兼容性促进形成一个单一的行业标准并最终研发出一个通用的系统词法[86]。

共存和兼容的意义要远超相对狭小的MT/MX标准范畴。SWIFT的目标是保持不同机构开发的标准相互兼容并具有连续性以逐渐达到标准的趋同，从而帮助金融及其他市场和谐发展[87]。ISO 7775的主要关注点是如何使SWIFT系统上的信息词法标准化，使用SWIFT专利信息技术开发的ISO 15022就迈出了脱离这种方法的第一步并且为后来的ISO 20022标准播下了种子，其结果就是SWIFT基本主导了这些标准的研发。在促使金融及其他行业内的不同标准逐渐趋同为目标的背景下，ISO 20022被正式官宣，国际标准化组织希望通过合作和在自愿[88]的基础上找到一个由更多的机构参与的全球管理模式。SWIFT在其中的作用是通过用户的集体努力推广标准化和使用大家都同意的方式实现标准化。SWIFT要想成功推广和实现标准化，它还必须通过使用严格的方式及合适的工具完善它的这种方法，并与标准化领域内的机构高层进行沟通。因此，跟国际标准化机构如国际标准化组织及联合国的密切合作就变得顺理成章，因为这种合作可以为SWIFT提供一个"中立的环境去协调和决定开发对金融及其他行业会员有用标准的轻重缓急"，这样金融及其他行业均可受惠[89]。SWIFT支持合作和让标准趋同的决心已经被清楚地写进了很多备忘录和其他一些协议中[90]。

为达到标准趋同目标，2007年成立了标准化协调集团（Standards Coordination Group）。这是一个由业内顶级标准制定机构（FIX，FpML，SWIFT，XBRL，ISITC，FISD）组成的组织，它的目标就是找到一个兼容和利用在金融服务领域业已存在的不同标准的方法，并在避免增加费用和引起困惑的重复开发和制造重复信息的前提下在更广的范围内推广这个方法[91]。换句话说，存在着某种可以更好地满足不同机构需求的信息格式的共识已经建立[92]。其结果就是，作为这个集团主要工作成果的，指导什么业务应该使用什么样的信息标准被称为投资路线图（Investment Roadmap）的方案被规划了出来（见专栏3.3）[93]。

专栏3.3 两个标准的故事

金融信息交换协议有限公司（FPL–FIX Protocol Ltd）是1992年由福达投资（Fidelity Investments）和所罗门兄弟公司在纽约成立的。正像我们前面提到的，SWIFT缺乏跟证券公司的沟通和后者不能使用前者的系统是促成金融信息交换协议（FIX）出现的一个原因。证券行业最关注的一个问题是能否迅速发送和接收交易前和交易过程中的指令（这些指令需要尽可能快地被某个系统处理和发送）。因此，金融信息交换协议有限公司开发了一种被称为“标值”（tag=value）词法的专属交换通信方式（比如，在使用ISO 15022标准的金融信息报文的一个区域中，使用“98A：：TRAD//19980420”代表证券交易日期，同时，它在金融信息交换协议（FIX）中以“75=19980420”表述）（见表3.3）。虽然这个方式解决了证券公司面临的一些问题，但很快人们发现它也产生了其他一些问题。在不同的交易时间使用两种不同的数据转换协议会导致信息处理过程的细碎化和降低直通处理程序的效率。

表3.3 证券交易周期内的标准

客户部门	清算部门			
交易前	交易	交易后/结算前	结算	结算后
→	→	→	→	
FIX	FIX	SWIFT	SWIFT	SWIFT
		（ISO 15022标准）	（ISO 15022标准）	（ISO 15022标准）

意识到自动化给证券行业点对点交易带来的巨大商业机会，金融信息交换协议有限公司和SWIFT在2001年7月6日签订了一个备忘录，这个时间正好跟调整ISO 15022标准和使用XML词法的时间相吻合。以下是双方签订这个备忘录的原因：

金融信息交换协议有限公司相信ISO 15022 XML能将交易前、交易过程中及交易后的业务交流统一起来。这个工作可以借助金融信息交换协议有限公司在交易前和交易过程中的经验和技术以及由SWIFT支持的交易后的工作完成。这可以解决影响直通处理程序过程中的一些问题，并使不同阶段的交易能很好地衔接起来[1]。

金融信息交换协议有限公司愿意跟SWIFT合作是受到了两个因素的影响，第一，由证券行业协会主导的是T+1股权结算方式（即当日买入的股票，到下一个交易日才能卖出）；第二是行业内的主要机构［比如全球直通处理协会（GSTPA–Global Straight Through Processing Association）、欧米基欧（Omgeo）等］已经开始在交易后程序中使用包含XML语言的ISO 15022标准[2]。协议签订后，金融信息交换协议有限公司携手SWIFT根据ISO 15022标准对现有的金融信息报文系统（FIX 4.3）进行了修改，并开发出一系列具有兼容性的交易前和交易过程中的信息格式。

但在2005年初，金融信息交换协议有限公司又开始开发它自己的金融信息报文标准（即优化了的FIXML 4.4），并就停止合作跟SWIFT举行了几次非正式的讨论。它的目的是不再专注标准的兼容性，而是另起炉灶开发一个单一的行业标准。不久，在2005年的11月，金融信息交换协议有限公司宣布退出跟SWIFT的备忘协议[3]。它说在交易前和交易过程中使用金融信息的数量大幅度增加，为这个业务领域开发另外一个标准是在做重复性工作并且对整个行业也没有帮助[4]。一些评论员指出，跟SWIFT的关系让金融信息交换协议有限公司在业内有了正统标准代表的名声，但现在它认为SWIFT标准是它的竞争者，它希望通过维护金融信息交换协议（FIX Protocol）在业内的长期战略地位向业内明确表明这一点[5]。但几年后的2007年，作为标准化协调集团一员的金融信息交换协议有限公司在确认它将继续使用ISO 20022标准后，恢复了跟SWIFT的关系。

Notes

1. FIX Protocol Ltd, FAQ re: ISO 15022 XML. Announcement, 6 July 2001.
2. Omgeo was founded in March 2001 as a joint venture between DTCC and Thomson Financial in order to provide post-trade solutions and products to the securities industry.
3. FPL press release, *FPL and SWIFT Memorandum of Understanding (MoU)*, 29 November 2005.
4. FPL, FPL/SWIFT/ISO FAQ, 28 November 2005.
5. Ibid., 2.

SWIFT信息报文标准的发展及修改程序

从一开始，用户就是推动SWIFT信息标准发展的动力，这些用户要求减少费用，增加报文数量和降低风险，以应对在快速变化的金融行业商业环境内出现的挑战。所以，用户在标准开发和修改过程中的参与对新的和已有标准的高效率发展一直非常重要。

SWIFT的管理架构也一直支持着这方面的工作，1985年采用的启动标准开发和使用程序（正好跟实施ISO 7775的时间大致相符）就是一个例子。那时，SWIFT的客户大多是业务种类相同的银行[94]。但随着用户量和其构成多元化程度的增加，应对不同商业需求就成了SWIFT需要面对的问题。随之，

SWIFT修改了其标准的开发和维护程序，一个明确的标准政策就此诞生了。新的政策在1994年5月的董事会下辖的业务委员会会议之后以政策说明的形式被提交出来[95]，并在一个月后被政策委员会采纳。政策说明的指导性原则涉及“会员的集体利益”以及作为行业中一员的SWIFT在应对用户和行业需求及它在开发和实施标准过程中扮演的具体角色[96]。支持这个政策的两个主要的原则分别是：“全球性”，这也是SWIFT希望在全球范围内普及一组被普遍接受的信息标准的长期目标；“合作”，即着重强调在标准研发及推广过程中与金融行业紧密的伙伴关系。

SWIFT在1994年9月公布了一个更加详细的简化了的开发和实施标准程序的政策性文件[97]。其目标就是缩短标准的开发时间，以避免给竞争者提供任何机会（因为相互竞争的标准会让所有参与者增加成本和降低效率）。

过去政策的缺点是过分依赖不同的标准工作组（Standards Working Groups，SWGs）。面对行业会员紧急的战略要求，这些工作组临时安排的会议日程降低了反馈效率，并且提出的对现行标准的改进意见不是跟所要解决的问题没关系就是不合适。同时，那些工作组是由跟商业从业人员不同的信息标准和IT技术人员组成的，他们开发出来的信息标准常常不能满足用户的商业需要。还有，将所有行业和全球各个市场的代表全部召集在一起对只从事信息标准工作的人来说也比较困难。SWIFT做的就是赋予那个资源没有被充分利用的自己的标准部更多的责任[98]。就像SWIFT前市场部主管高特弗瑞德·雷布兰特（Gottfried Leibbrandt）当时说的：每年一次他们向大家展示那些需要修改的活动挂图，然后决定要修改那些格式[99]。在新的政策下，SWIFT采用了一种与过去不同的方式：将开发商业程序的主导权放给信息标准专家以鼓励他们去分析商业问题，这样可以将SWIFT信息标准的开发跟受市场因素驱动的产品和服务联系起来。SWIFT希望将开发责任从原来的标准工作组（SWGs）转给SWIFT自己的标准专业人员后，开发标准的时间可以大大地缩短。

为使标准部的全职技术人员最大限度挖掘其技术潜能[100]，标准部需要在从市场部获得的市场反馈信息的基础上制订它的开发计划[101]，然后，根据计划内容进行开发标准的工作，这包括：确认哪种类型的（MT）格式需要被开发、改进或删除，列出开发新MT格式的商业理由，确认实施时间和可能遇到的问题，确认谁能使用开发的MT服务，安排用户及工作组访问，搜集用户对新标准的评价和反馈意见等。除此之外，标准部的另一个主要职责是向市场部的专业人员询问标准出现的问题和用户需求。

这个包括在SWIFT编号为612商业计划内的新的开发和实施标准程序，不但标志着SWIFT标准部在机构内部地位的明显上升，同时也让SWIFT成了为了整个金融行业的利益协调和管理这个领域内用户需求的系统标准化机构。作为调整的一部分，不同的部门和委员会都在发挥着自己的作用以帮助标准的开发。这也成了SWIFT标准开发过程的一个显著特点。最后，新政策中的指导原则也跟SWIFT公司章程内的公司经营目的相符。

新的标准开发政策在SWIFT内部奠定了今后研发和实施标准化程序的基础，在这之后涉及修改现存程序使其跟行业发展相适应和解决过去方式中存在的问题的一些新规定相继出台（见表3.4）[102]。其中对过去政策的修改部分包括：加速标准研发及实施进度；将研发重点放在金融交易的点对点直通处理程序上；加强行业沟通；允许在标准研发和实施过程中对商业和市场的不同具有更大的灵活性；保护会员机构对过去标准的投入以降低改变标准给它们带来成本影响；调整不同部门的职责以提高研发工作效率，以及保证全球（对标准的）共识[103]。随着与国际标准化组织合作关系的发展以及ISO 7775、ISO 15022和ISO 20022标准在金融行业内被广泛采用，新的政策也包括了新的ISO标准研发和实施流程，以及如何跟ISO标准注册机构在标准注册过程中的互动和同步的内容。自从2007年新的标准开发及实施政策颁布以来，陆续的对新的政策的修改也被包括在SWIFT用户手册中[104]。

表3.4 涉及SWIFT标准的重要文件

文件号	公布日期	文件名/内容
	1985年前后	第一个标准开发及实施程序
ER616	1994年5月13日	标准政策
BP612	1994年9月2日	标准开发及实施程序
BP647	1995年11月10日	标准调整
BP685	1996年11月8日	标准开发及实施程序
—	1999年7月	开发未来的标准：SWIFT下代标准目标绿皮书
—	2000年9月	SWIFT标准：用户如何从新的点对点标准的发展中获益
BP828	2000年11月10日	标准开发及实施程序
ER868	2001年12月	推出使用XML开发的SWIFT信息标准
BP828（R）	2002年2月22日	标准开发及实施程序修改1及附录
ER909	2003年6月	SWIFT标准知识产权政策
BP828（R2）	2006年5月25日	标准开发及实施修改2及附录
BP828（R3）	2007年5月25日	标准开发及实施修改3及附录

注："ER"代表SWIFT管理层的执行报告；"BP"代表SWIFT董事会报告。管理层的执行报告一般涉及对某个提议的反馈意见，由员工起草。董事会报告涉及其他事项，由董事会成员起草。

现在，SWIFT承担着开发及维护金融行业信息报文标准的工作（所有标准均需董事会同意方可实施）。一旦新的标准及其修改部分被董事会同意实施，SWIFT就应该通过不同的渠道，比如通过其发行的刊物、行业活动、用户或者国家用户组群，将新的标准介绍给金融行业。MT及MX的开发和维护程序虽然不同，但一般来说，任何需要开发或修改标准的要求应该来自被确认的商业机会、市场整体需求以及金融领域内的具体商业要求。

MT信息报文标准的发展及修改程序

对MT信息服务来说，它的各个组成部分已经被很好地定义并且金融行业使用这个信息服务也很多年了，因此不太需要重新开发一个新的信息格式。但即使如此，它的信息格式依然要完成每年的维护程序。作为由市场驱动的维护程序，任何对信息标准的修改要求都会源自管理用户及会员投标的用户集团（User Group Chairpersons，UGCs）主席、行业及基础设施开发商代表、封闭式用户群或SWIFT内部。SWIFT标准部收到要求修改的要求后，会对要求进行分析并准备相应的文件，包括建议及向高层提交的情况说明报告。然后这些建议会在相关的维护工作组开会讨论前分发给他们[105]。工作组由涉及的商业领域专家组成，并且这些专家需要对SWIFT和ISO信息标准非常熟悉。根据信息类别的不同，预计的前10名使用这类信息服务及生成信息报文最多国家的每个用户群主席会指定一个第一联系人（也可能会有第二联系人）参加工作组，以确保国际管理和行业代表具有广泛性[106]。SWIFT标准团队有权决定是否接纳被提名的联系人，并且有责任记录工作组各成员对修改工作所做的贡献，以保证对需要改进的信息标准进行审议的工作组和对不同国家和用户群了解具有合理的代表性。

在咨询了标准维护工作组之后，建议会被采纳或被否决。如果建议被否决，除非有上诉的机会，整个程序一般会在建议被否决之后终止。在建议决定被董事会采纳后，建议会分发给用户并以国家为单位进行投票表决。国家内的用户群需要在收到建议5—6周后提交他们对每个建议的投票。接下来，投票结果会被董事会确认，标准部随后会向用户群主席分发更新了的“高层信息文件”，这个文件包括被标准工作组接受、被用户所在国家投票同意了的标准修改内容[107]。这个文件也是形成标准发布指南及信息格式确认规则（更加详细说明修改对信息格式的影响的文件）的依据。在新的信息格式被正式在《SWIFT MT信息标准参考指南》及《SWIFT用户手册》中公布前，修改需要在用户及供应商那里进行测试以保证用户端的系统界面及应用可以使用修改了的信息标准。除此之外，培训日期也需要确定以保证用户了解和熟悉修改后的信息格式。

标准修改过程一般需要18个月，并且要严格按照时间要求进行。这期间，对每个程序采取的修改步骤的时间都要记录在案，并且采取的步骤被严格地跟踪。对新的金融信息报文（FIN MT）标准的开发程序跟这个程序相似，但它们一般需要两年时间并且需要跟相关开发工作组进行更多的沟通。

MX信息报文标准的发展及修改程序

MX信息标准使用了ISO 20022标准设置方式，所以它的研发和修改程序跟MT信息标准有很大的不同。ISO 20022标准是通过使用统一建模语言（UML）来定义商业领域的业务、商业交易及信息流，它依据独立的词法格式生成的信息不受某种技术或协议的影响[108]。同时，目前只有SWIFT的封闭式用户在使用依据这个信息标准开发的信息报文格式。实际上，当一种新的信息报文格式被推出后，SWIFT都会要求用户选择是否参与试点（Pilot），试验性地使用这个新的格式，这可以保证开发出的信息服务在不影响大部分用户正常业务的前提下测试新的标准是否符合最初参与试点用户的要求。

当SWIFT管理层决定依据ISO 20022标准开发一组新的信息格式时，它需要在获得董事会支持的前提下向国际标准化组织提交"商业理由"报告，这个报告需要国际标准化组织的注册管理部门批准[109]。通过初期参与试点用户的帮助，SWIFT可以依据搜集到的用户需求开发和测试新的或加强版的信息格式。这个过程不受提交ISO 20022标准和国际标准化组织是否同意的影响。这个过程包括：确定开发原因（即确认市场需求及商业案例）；启动项目及需求列表（说明使用ISO 20022标准制作商业模型层级的方式）；信息格式开发（逻辑层测试）；试点（在SWIFT的系统上进行）以及打包汇总（汇集所有实施新标准的文件及实施新标准）。当这个程序结束后，SWIFT会将新的信息标准发给国际标准化组织ISO 20022标准注册管理机构，后者在对新的信息标准的技术质量进行审核后会将其分发给相关的ISO 20022标准评估部门（这个部门的职责是进行商业审核和决定是否批准这个信息标准）[110]。之后，SWIFT就会跟这些ISO 20022标准评估部门紧密合作，以确认是否需要对新的信息标准再次进行修改并开始申请修改（如有需要修改的地方）程序。这个过程完成后，新的信息标准就会被再次提交给ISO 20022的注册机构申请最后的同意修改许可及注册[111]。

作为ISO 20022的授权注册机构，SWIFT的目标是确保存在储存库内的已开发的标准及被确认的技术规范得以被遵守及在ISO 20022网站（www.iso20022.org）上代表国际标准化组织发布金融储存信息[112]。SWIFT的注册机构及它是为行业用户开发信息标准机构的双重身份常被误解很正常。但总的来说，SWIFT一直坚持将所有MX信息标准置于国际标准化组织的批准及注册管理之下（在国际标准化组织制定ISO 20022注册程序之后）。但因其本身就是信息标准的开发机构，它也可以不按ISO 20022标准自主研发和实施信息标准。这就是说，在取得国际标准化组织的批准前，SWIFT可以在它的系统上使用其开发的MX信息标准。这也意味着SWIFT可以顾及其用户不愿使用ISO 20022标准的要求。如果发生这种情况，对MX信息标准的修改程序就比照对MT信息标准的修改程序进行。

我们对MT及MX信息标准的介绍强调的是如果新的信息标准希望增加被广泛接受的可能，那它应该具备哪些主要特点。一个有活力的标准应该以强有力的市场需求为基础并要符合被确认的需求[113]。虽然这看起来显而易见，但一些决定性的因素，比如实施成本、修改标准的成本以及现实中实现潜在收益的程度有时并没有被考虑进去。过去，这些是导致标准的潜在用户和开发机构产生分歧或开发出的标准不能被使用的原因。最近的标准化发展，比如使用ISO 20022标准，为SWIFT提供了一个更加面向市场的途径，它使SWIFT从一个专注信息报文服务的机构转变成一个商业信息处理服务机构[114]。

小　结

SWIFT标准不但通过提升直通处理程序能力及效率使金融服务“工业

化”，因此为金融服务行业创造节约成本的机会，它也为进一步更新和兼容信息标准及在更大的范围内改进全球连接方式创造了条件。这是SWIFT最重要的成就之一，也是它能被记住的对全球商业所做的贡献的一部分。

SWIFT的历史就是利益相关者之间谈判和妥协的历史。它第三方服务商的角色也让它陷入了目前的紧张环境之中。理解现实中那些关系是如何被处理的关键就是去研究其不断变化的会员构成及用户群体，特别是这么多年它们对SWIFT发展的影响。SWIFT既是系统服务提供者又是服务标准制定者的双重身份，也需要我们更加深入地了解SWIFT的系统基础设施的发展。这也是我们下一章介绍的内容。

Notes

1 Yawar Shah, Chairman of the Board, SWIFT, Sibos Plenary Speech, 15 September 2008, Vienna.

2 Jamie Shay (personal communication with Susan Scott and Markos Zachariadis [email], 8 June 2013).

3 Paul David and Shane Greenstein, “The economics of compatibility standards: an introduction to recent research” , *Economics of Innovation and New Technology* , 1 (1) (1990): 4.

4 Transactional messages are the messages that are designed to undertake a particular business or administrative goal – e.g. money transfers between bank accounts, trading instructions between agents, orders between suppliers and other organizations, etc. (see Malcolm Hamer, “An introduction to structured transactional messages 1” : http://www.isf-us.com/Structured-Transactional-Message-Standards.pdf).

5 Unlike unstructured messages such as free text contained in an email, etc., structured messages adhere to a strict format based on predefined rules agreed between the sender and the receiver.

6 See David and Greenstein, “The economics of compatibility standards” .

7 Even though STP as a term mainly refers to the streamlining of information flows in securities trading, it can also be applied in the payments field since this is also part of the trade lifecycle (see Ayesha Khanna, *Straight-Through Processing for Financial Services* (Burlington, MA: Elsevier, 2008); Wayne Huang, Yining Chen, and Jarrad Hee, "STP technology: an overview and a conceptual framework" , *Information and Management* , 43 (3)(2006): 263–70).

8 Huang et al., "STP technology" : 264.

9 Paul David, "Some new standards for the economics of standardization in the information age", in *The Economics Policy and Technological Performance* , eds. Partha Dasgupta and Paul Stoneman (Cambridge: Cambridge University Press, 1987); David and Greenstein, "The economics of compatibility standards" .

10 Alistair Milne and LeiLei Tang, "An economic analysis of the potential benefits and dis–benefits of faster payments clearing" , *Office of Fair Trading Report* OFT795 (May 2005). Also see Huang et al., "STP technology" .

11 Craig N. Murphy and JoAnne Yates, *The International Organization for Standardization (ISO): Global Governance through Voluntary Consensus* (New York: Routledge, 2009): 5–24.

12 David and Greenstein, "The economics of compatibility standards" .

13 Ibid. See also Brian Arthur, "Competing technologies, increasing returns, and lock–in by historical events" , *The Economic Journal* , 99 (394) (1989): 116–31.

14 Nicholas Economides and Charles Himmelberg, "Critical mass and network size with application to the US fax market" , *NYU Stern School of Business Working Paper* EC–95–11(August 1995): 1–40.

15 These two types of standards (unsponsored and sponsored) are also known as the de facto standards because they are originated from market–mediated mechanisms (see Bob Hills "Common message standards for electronic commerce in wholesale financial markets" , *Bank of England Quarterly Bulletin* , August (2000): 274–85; Gottfried Leibbrandt, "Payment systems

and network effects". Unpublished Ph.D. dissertation, Maastricht University.

16 Gottfried Leibbrandt, "Payment systems and network effects": 30; see also Michael L. Katz and Carl Shapiro, "Network externalities, competition, and compatibility", *American Economic Review*, 75 (3) (1985): 424–40.

17 Farrell and Saloner compare three common mechanisms for achieving coordination for the development of compatibility standards. By constructing a simple model their research finds that it is more likely to achieve coordination through standardization–by–committee in spite of being slower than the other alternatives. For a detailed discussion, see Joseph Farrell and Garth Saloner, "Coordination through committees and markets", *RAND Journal of Economics*, 19 (2) (1988): 235–52. Finally, mandated standards (often referred to as standardization–by–government) are created by regulatory authorities like government bodies or other legislatures. See David and Greenstein, "The economics of compatibility standards"; Hills, "Common message standards": 274–85; Murphy and Yates, *The International Organization*.

18 Murphy and Yates, *The International Organization*: 10.

19 For an extensive list of organizations and industry bodies involved in message standardization, see Hills, "Common message standards": 276.

20 Paul Glaser, "Using technology for competitive advantage: the ATM experience at Citicorp", in *Managing Innovation: Cases from the Financial Services Industries*, eds. Bruce R. Guile and James B. Quinn (Washington, DC: National Academy Press, 1988): 108–14; Robert Kauffman and Yu–Ming Wang, "An exploratory econometric analysis of shared electronic banking network adoption", *Journal of Strategic Information Systems*, 3 (1)(1994): 61–76.

21 Financial Information eXchange (FIX) protocol is an open standard that was created "as a bilateral communications framework for equity trading" (see www.fixprotocol.org). A more detailed account on the relationship between FIX and SWIFT is illustrated in Box 3.3 of this chapter.

22 SWIFT Annual Report 1974.

23 The role of standards developer emerged as part of the broader network project rather than as a motivation in itself. It is notable that the word "standards" is not part of SWIFT's name unlike other standards-setting bodies such as ISO and ANSI.

24 Société Internationale de Télécommunications Aéronautiques, known as SITA, was founded in 1949 as a member-owned cooperative society to provide a worldwide message switching network for international air carriers. SITA influenced SWIFT in two ways: first, during the Message Switching Project prior to the founding of SWIFT, the SRI legal working party studied its governance structure and used it as a key point of reference when formulating their recommendations; second, the BIC code is based upon the three digit airline city codes-e.g. SBA: Santa Barbara.

25 Jamie Shay (personal communication with Susan Scott and Markos Zachariadis [email], 8 June 2013).

26 Unpublished document on SWIFT standards, Brussels, *c* . January 2001. Part of this document is incorporated into the SWIFT report by Jean-Marie Eloy and Frank Vandamme, *Message Standards Evolution in the Securities Industry: From Paper-based to XML Communications* , 2002.

27 Alec Nacamuli (interviewed by Susan Scott and Markos Zachariadis [in person], London, 17 January 2012); Bessel Kok (interviewed by Susan Scott [in person], Prague, 24 April 2012). Similar information could also be found in SWIFT internal documentation and other confidential Board papers accessed by the authors with kind permission from SWIFT.

28 Alec Nacamuli (interviewed by Susan Scott and Markos Zachariadis [in person], London, 17 January 2012).

29 Andre Bamat, "Editorial" , *ClearIT* , 29 (September 2006): 3.

30 ETH University profile of Prof. Dr Max Engeli (Professor Emeritus): https://www.bi.id.ethz.ch/personensuche/detail.do?pid=12FBD&lang=EN.

31 While SWIFT produces standards on a standardization-by-committee basis,

the primary syntax and SWIFT language was developed in–house by Max Engeli and Erik Wennerholm (Bessel Kok (interviewed by Susan Scott [in person], Prague, 24 April 2012)). Alec Nacamuli also recalls: "we noticed that there was nothing from ISO which we could lift. There was no existing standard for international transactions. At that point, each country had their own standards but, there was no international standard, and so the decision was taken, well, let' s go ahead, just design the standards and we can then fold them into ISO which is what eventually happened" . (Interviewed by Susan Scott and Markos Zachariadis [in person], London, 17 January 2012.)

32 Renato Polo (interviewed by Susan Scott [by telephone], 20 November 2009).

33 Jamie Shay (interviewed by Susan Scott and Markos Zachariadis [phone interview], 16 June 2013).

34 Ibid.

35 The MT 100 was a traditional customer payment message and one of the first financial messages developed by SWIFT. Twenty–five years after its development it remained the most heavily used message on the SWIFT network until it was replaced by MT 103 and MT 103+ in 2003 (For more details, see Nicola Boothby, MT103: *Responding to the Market* , November 2003 Standards Release by SWIFT).

36 Image was taken from *SWIFT Users' Handbook* , September 2001 edition, FIN Service Description.

37 For a comprehensive list with the names and purpose of all existing SWIFT Standards MT as well as their new XML version (SWIFT Standards MX), see:http://www.swift.com/resources/documents/standards_inventory_of_messages.pdf.

38 The above representation was taken from the 10th anniversary general introductory brochure published in 1983 and it illustrates a payment order translated into an MT 100 message. The example payment is sent from Banco De Los Palos Verdes Mexico D.E. (SWIFT code: BAPVMXMMA) to Barclays Bank International London (SWIFT code: BARCGB22). The separate fields

with the payment information are also clear.

39 See "The evolution of SWIFT standards and the relationship with ISO" section of the current chapter for more details.

40 An additional alphanumeric character could be added in the end of the number to specify additional options relating to the level of automation desired based on the corresponding machine utilized. In an interview, Chris Norton, a retired banker and former Chairman of the SWIFT (UK) ST Users Group, described this as follows: "The message text formats that were originally created fulfilled the requirements of both manual processing and automation. So in the original message text formats ... many of the field texts would have A, B, C, D and E options. A option would always be the extremely automatable option. In other words, the 57A would be the BIC. 57D would be a name and address. So banks could, if they wanted to automate, if they agreed with their correspondent that they would automate, then they could use the A option of these message text standards. And it would work both ways. And if a bank was not able to automate, it could use the D format" (interviewed by Susan Scott and Markos Zachariadis [in person], London, 22 July 2010).

41 The SWIFT proprietary language is one of various syntaxes employed in the financial services sector. Other prevalent protocols worth mentioning are: the FIX protocol; UN/EDIFACT (United Nations Electronic Data Interchange for Administration, Commerce and Transport) which is used mainly for communication purposes between banks and corporates; Comma Separated Values (CSV) and its variants, which were of the first to be used for data exchange purposes; and eXtensible Markup Language (XML), an advanced text format that uses customized <tags> to describe message fields and data. Alternative industry standards have employed XML–based protocols in order to be able to transmit data on many different platforms and through many applications. Such protocols are: the FpML (Financial products Markup Language) protocol, which was first published in 1999 to accommodate the

growing Over–The–Counter (OTC) financial derivatives industry, and is currently used by various platforms, including DTCC (Depository Trust & Clearing Corporation) and SwapsWire; and the GSTPA (Global Straight–Through Processing Association) protocol which provided post–settlement and pre–trade messages between broker–dealers, fund managers, and custodians (see Hills, "Common message standards" ; Khanna, *Straight-Through Processing* : 69–89).

42 ISO International Standard 15022–1, first edition, 1 March 1999.

43 Hamer, "An introduction" : 6.

44 The example was taken from *SWIFT Users' Handbook* , September 2001 edition, Message Structures.

45 Information obtained from Barclays Group Archive (document: 80–4134); *SWIFT BIC Policy Report* , June 2009; ISO report on the ISO 9362:1994 (15 December 1994). See also note 24.

46 Renato Polo, memories from a former SWIFT user written for the LSE SWIFT research project in advance of his interview with Susan Scott [by telephone], 20 November 2009.

47 Evidence shows that in the beginning large international banks were quick to copy the SITA network and use the IATA airport codes to identify their branches. For instance, the department of a bank in Brussels would use "BRU" as their Branch Code: "The IATA codes were adopted...partly because this was a good idea–the airport codes are short, and all the cities in which the banks have branches have airports, and therefore IATA codes–and partly because some of the programmers who worked on the SITA network formed the core of the new messaging software development teams in the banks" (See Hamer, "An introduction" : 12).

48 For example, SWIFT messages are limited by the need to conform to the fourline thirty–five character format institutionalized during the telex era (Frank Vandamme, former Head of Standards Initiatives, interviewed by Susan Scott and Markos Zachariadis [in person], Brussels, 7 May 2009).

49 Hills, "Common message standards" : 279.

50 Nostro and vostro (from the Italian words, *nostro* and *vostro* , meaning 'ours' and 'yours' respectively) are accounting terms used to distinguish an account held for another entity from an account another entity holds. The entities in question are almost always, but need not be, banks.

51 Guildhall Library Manuscripts (GLM), Section M32326B, File No. 253, British Bankers' Association (BBA), private and confidential communication, 17 February 1978.

52 Another example of how outside initiatives were enfolded into SWIFT projects is the "Five Party Club" launched by Mesa banks in 1981. Open to other eligible ECU clearers, their "fully customized solution" was initially supported by key figures in the US but banks did not lend their support and the "message copy" concept underpinning it was quickly adopted by SWIFT (Polo, Memories).

53 Jean-Marie Eloy (interviewed by Susan Scott and Markos Zachariadis [in person], Brussels, 20 April 2012).

54 Information taken from unpublished SWIFT standards report (Brussels, *c* . January 2001); Eloy and Vandamme, *Message Standards Evolution* : 2.

55 ISO Technical Report 7775, second edition, 15 May 1997. This working group was a joint assembly between ISO and SWIFT and was considered as SWIFT's first attempt "to really embrace the ISO standards" (Jean-Marie Eloy (interviewed by Susan Scott and Markos Zachariadis [in person], La Hulpe, Belgium, 20 April 2012)).

56 These message types mainly covered the securities areas of post-trade, presettlement, settlement, reconciliation, corporate actions, and reporting.

57 Jamie Shay (interviewed by Susan Scott [phone interview], 9 March 2012).

58 In 1984, the general meeting of shareholders accepted the principle of participation by securities brokers (BRM 057) but it took until 4 May 1987 for the first categories of securities participants to be approved (BRM 080, BRM081, and BRM082).

59 Sandy Bleich (interviewed by Susan Scott [phone interview], 26 March 2012).

60 Eloy and Vandamme, *Message Standards Evolution* ; unpublished document on SWIFT standards; SWIFT Standards Report, November 2001.

61 Hills "Common message standards" ; Leibbrandt, "Payment systems" .

62 Eloy and Vandamme, "Message standards evolution" .

63 Being a key person behind the original idea for the new standard, Jean–Marie Eloy, a standards expert (then Euroclear, now SWIFT), was appointed by ISO as the chairman of the committee responsible for the development of ISO 15022 (Jean–Marie Eloy (interviewed by Susan Scott and Markos Zachariadis [in person], Brussels, 20 April 2012); ISO International Standard 15022–1, first edition, 1 March 1999).

64 Because ISO 15022 was largely based on the 7775 syntax it was commonly referred to as "enhanced ISO 7775 syntax" . The new standard addressed many of the technical shortcomings of ISO 7775.

65 All business objects were uniquely identified, resolving any contradictions on meaning depending on the type of message, and thus "mapping" individual messages was no longer required. This helped to reduce narrative fields (fields that included unstructured information using lengthy blocks of text) and offered an opportunity to enhance STP in securities trading.

66 While EDIFACT was registered under the ISO 9735 standard, ISO 15022 described how this could be used in order to define a securities message.

67 UN/CEFACT is the United Nations Centre for Trade Facilitation and Electronic Business, a UN centre that "supports activities dedicated to improving the ability of business, trade and administrative organizations, from developed, developing and transitional economies, to exchange products and relevant services effectively" (UN/CEFACT Mission Statement). UN/CEFACT is also the body that maintains and develops the EDIFACT standard.

68 See Eloy and Vandamme, "Message standards evolution" : 5.

69 The decision was taken at a Board meeting before the Sibos conference in

Munich, Germany (1999). At that time other standards–setting international organizations such as GSTPA and FIX had already adopted XML (see Clive Davidson, "SWIFT to use XML for next generation" , *Securities Technology Monitor* , 20 September 1999).

70 See http://www.iso15022.org/.

71 Sponsored by UN/CEFACT and OASIS (Organization for the Advancement of Structured Information Standards), ebXML is "a modular suite of specifications that enables enterprises of any size and in any geographical location to conduct business over the Internet" (see www.ebxml.org).

72 Jean–Marie Eloy (interviewed by Susan Scott and Markos Zachariadis [in person], Brussels, 20 April 2012).

73 The UNIFI acronym was given to ISO 20022 (after holding a contest) so that "it would be easier for people to remember." However, in 2008 the RMG voted to drop the name as SWIFT members and other financial services institutions were referring to the standard using its original name (ISO 20022) and so the number "stuck" (personal communication with Jamie Shay, June 2013).

74 A Registration Management Group (RMG) was also appointed by ISO to govern the overall process for the development and maintenance of messages.

75 See http://www.iso20022.org/.

76 Other examples are the ISO 9000 and ISO 14000 quality process standards.

77 SWIFT Standards team, *ISO 20022 for Dummies* .

78 Ibid., 15–17.

79 SWIFT, *The SWIFT Standards Story* .

80 While SWIFT has repeatedly disputed the argument of increased expenses by highlighting the value of injectionable message definitions integrated directly into the back–office applications and the fact that after the initial investment ongoing costs should be reduced due to syntax–independence, there is still a wide perception in the industry that the XML–based 20022 is more costly to implement and maintain than existing standards in the industry (Martine

De Weirdt (interviewed by Susan Scott and Markos Zachariadis [in person], Brussels, 15 February 2012); "Demystifying Standards" (SWIFT Standards in collaboration with the financial community): 16. In addition, SWIFT revisited its price structure to accommodate the longer XML messages as part of ISO 20022 (SWIFT has traditionally charged every 325 characters as 1 message unit but there were also exceptions such as the statement) (personal communication with Jamie Shay, June 2013).

81 SWIFT, *Simple Coexistence: Paving the Way to XML* .

82 John Sandman, "Ghost messages linger in the SWIFT machine" , *Securities Technology Monitor* , 11 October 2004; SWIFT Standards team, *ISO 20022 for Dummies* : 28.

83 SWIFT Standards team, *ISO 20022 for Dummies*: 29.

84 SWIFT Standards team, *ISO 20022 for Dummies*; SWIFT, *Simple Coexistence* .

85 SWIFT, "Demystifying standards" .

86 SWIFT, *The SWIFT Standards Story* .

87 Ibid., 17.

88 Jim Northey and Joshua Derrick, "ISO 20022 Financial Messaging Standard: neither a Tower of Babel nor an Esperando" , *Global Trading* , 15 March 2009.

89 SWIFT, *The SWIFT Standards Story* : 17.

90 During the mid–1990s, close collaboration with UN/CEFACT led to the creation of a limited number of EDIFACT–aware messages (MTs 105, 106, and 121) to cater for specific communication needs (see SWIFT *Information Report* IR 347, 7 June 2004). In October 2003 a MoU between the Interactive Financial eXchange (IFX) Forum, the Open Applications Group, Inc. (OAGi), SWIFT, and the Treasury Workstation Integration Standards Team (TWIST) outlined the terms of cooperation in the area of the content and use of a core payment kernel XML transaction. In June 2004, as part of SWIFT' s involvement in ISO/TC68 for the development of ISO 20022,

it took part in an agreement between ISO and UN/CEFACT to investigate a common message standardization framework for the financial services sector. Last but not least, as part of the ISO 15022 initiative and the move to XML, FPL and SWIFT also signed a MoU in 2001 in order to improve interoperability and move toward a unified standard for securities trading.

91 SWIFT, *Standards Investment Roadmap* , September 2010. XBRL stands for eXtensible Business Reporting Language, an open standard for exchanging business information; ISITC is the International Securities Association for Institutional Trade Communication that supports STP; and FISD is the Financial Information Services Division of the Software & Information Industry Association (SIIA) that provides a forum for the exchange of ideas on the distribution, management, administration, and use of market data.

92 Jamie Shay (interviewed by Susan Scott [phone interview], 9 March 2012).

93 SWIFT, *Standards Investment Roadmap* .

94 SWIFT Board paper number BP 612, *Standards Development and Implementation Procedures* , 2 September 1994.

95 SWIFT Executive report number ER 616, *Standards Policy* , 13 May 1994.

96 Ibid., 2.

97 SWIFT Board paper number BP 612. This proposal was approved by the Operations Committee a few days later (28 September 1994).

98 Ibid., 4.

99 Gottfried Leibbrandt (interviewed by Susan Scott and Markos Zachariadis [in person], La Hulpe, Belgium, 21 December 2011). His role at the time of the interview was Head of Marketing. Leibbrandt joined SWIFT from McKinsey in 2005 to work on the SWIFT2010 strategy plan and then was appointed Head of Standards soon after its completion.

100 SWIFT Board paper number BP 612: 4.

101 The standards development plan was approved by the Operations Committee which monitored the overall process and also determined which categories of participants are allowed to use which message types.

In addition, the role of the Policy Committee was to approve the company strategy and the overall standards policy (see SWIFT Board paper number BP 612).

102 Table 3.4 includes some of the key documents that revolutionized the process for the development and maintenance of SWIFT standards over the years. Following the latest revision of the BP828 in 2007, a standards development and implementation process was published and maintained as part of the *SWIFT User Handbook* online.

103 For example, see SWIFT Board paper number BP 685, *Standards Development and Implementation Procedures* , 8 November 1996; SWIFT Board paper number BP 828, *Standards Development and Implementation Process* , 10 November 2000.

104 SWIFT Board paper number BP 828 (R3), *Standards Development and Implementation Process* , revision 3, 25 May 2007.

105 Not all message categories have a MWG which meets regularly. In that case a group needs to be formed and a meeting to be scheduled.

106 Working Groups are reviewed every two years based on traffic volumes. The SWIFT Standards team can suggest a replacement of a WG member based on the quality and expertise of members. Members of a working group are reimbursed their travel and accommodation expenses for meetings organized at SWIFT' s head office. This is a significant difference in comparison to other standards setting bodies, like ISO, which relies on its members' expenses to fund similar operations (see SWIFT *User Handbook, MT Development and Maintenance Processes* , 13 May 2011).

107 Ibid., 21–2.

108 SWIFT *User Handbook, Standards MX Development and Maintenance Processes* , 29 April 2011.

109 It should be clear that any potential user of messages can submit a Business Justification to the ISO RMG and must go through the same process SWIFT does. It is the responsibility of all organizations to develop the model and

messages themselves, using the repository/dictionary provided by ISO and the RA. In some instances SWIFT will accept Business Justifications and Change Requests and also make the changes but this is on a consultancy basis and not part of the RA responsibility. In the case of message maintenance a 'Change Request' will need to be submitted instead.

110 At this stage the SEG may request changes to the message formats in order to make them more applicable to the wider market.

111 SWIFT *User Handbook, Standards MX Development* .

112 See www.iso20022.org for detailed information on the role of the Registration Authority.

113 SWIFT, "Demystifying standards" : 5.

114 Ibid.

第4章　SWIFT系统的发展

> ➢ SWIFT系统及其技术
> ➢ SWIFT Ⅱ
> ➢ SWIFTNet
> ➢ SWIFT用户群的发展及网络的外延

2011年5月31日，经过SWIFT系统发送的信息自其1977年上线以来第一次跨过每天2 000万份的门槛。现在，SWIFT有超过1万家分布在世界212个国家和地区的活跃用户，它们之间平均每年的信息报文量达到4亿5 000万份。虽然这些报文涉及的累计金额从来没被披露过，但人们相信平均每天涉及的金额超过7.7万亿美元[1]，这个数字接近美国国民生产总值的一半，或英国国民生产总值的3倍。这些数字揭示了SWIFT系统的分量及其在全球贸易和金融市场上的重要作用。

在本章中，我们将会介绍SWIFT信息系统的基础设施、其会员发展及网络（服务）外延的情况。首先，我们通过SWIFT系统的发展细节来了解其技术足迹，正是它的技术发展足迹使它成为媒介跨境业务国际结算的主要基础设施。但就像我们前面讨论过的，仅仅凭借技术还不能让SWIFT建立其国际结算的核心的地位，获得关键客户群对其服务的认可是一个不可或缺的因素。其次，我们也会讨论在SWIFT服务于1977年上线之后，它的网络（服务）外延的过程和特点。在这个过程中，我们也会讨论其会员及用户发展过程中的一些重要节点，包括它从一个“仅限银行的俱乐部”发展到将全球1

万多个金融机构和企业联系到一起的国际基础设施。

SWIFT系统及其技术

在SWIFT于1977年成立之后，巴勒斯公司被选作它的主要技术提供商[2]。这个公司在比利时和荷兰建立了两个（信息）中转中心，这两个中转中心通过电话线路跟分布在14个国家的数据中心（信息集中器）保持联系，这些数据中心连接着会员银行的计算机终端[3]。每个中转中心跟一半“收/发点”（即使用SWIFT信息报文服务的用户）和另外一个中转中心相连。SWIFT希望多数通过SWIFT系统传送的信息可以在它们被输入系统一分钟之内被发送至世界任何地区[4]。SWIFT原来计划在1976年3月完成安装整个系统后向市场推出其信息报文服务，在经历了一系列因设备调试错误导致的延误后[5]，系统终于在1977年5月9日正式上线。上线后的SWIFT系统的最初用户包括25家比利时和法国银行[6]以及英国的巴克莱银行[7]。之后丹麦、意大利和瑞士的银行在6月加入，英国、卢森堡、荷兰、芬兰、德国、奥地利、挪威和瑞典的银行在7—8月加入，美国和加拿大的银行在9月加入。SWIFT预计1977年年底前会有大约400家银行被连接到其带有合作性质的系统中，并且其会员数量将超过500个。

最开始的系统架构是根据支持起始点之间3270数据流[8]的3270交换协议（3270 protocol）搭建的。这些数据通过一系列简单的二进制同步通信（Binary Synchronous Communication，BSC）协议进行传送。这个协议是由IBM公司在20世纪60年代为支持系统间的批次通信开发的。后来成为SWIFT Ⅰ的系统使用租借来的国际线路[9]，以9 600Bps的速度传送信息（但它非常烦琐）。图4.1展示了1977年SWIFT的系统架构，小星代表（信息）中转中心，圆圈代表国家数据中心（信息集中器），实线代表基本线路，虚线代表备用线路。

图4.1 1977年的SWIFT网络

资料来源：SWIFT总体情况介绍（1977年）。

虽然跟电传相比，SWIFT在技术及程序的先进程度上有了很大提高，但在服务上线后也暴露了一些没有解决的问题，并且一些银行抱怨有时不能收到应该收到的信息[10]。虽然SWIFT电子通信的设计功能标准很高，但因为每家银行将多个不同类型的接口与系统相连，所以在收发报文时出现了一些问题。为此SWIFT通过外包方式开发出一种专门服务于连接SWIFT系统的计算机终端（Computer-based Terminal，CBT，见专栏4.1）接口设备（SWIFT Interface Device，SID），这个接口设备允许用户使用不同类型的界面接口，包括电报和电传，连接SWIFT系统[11]。对用户来说，这个接口设备不会增加他们的成本并且也不需要他们改变任何业务流程，这是有利的一面。但它也有很多不利的一面，那就是员工必须要按照SWIFT的格式要求输入支付指令和其他金融信息，否则机器将自动退出系统，发生这种情况，员工必须重新操作连接。而当时缓慢的拨号连接系统方式也让这个问题变得更加严重，其结果就是银行计算机终端不能跟其所在国家的数据中心保持稳定的连接。

专栏4.1　SWIFT接口设备[1]

SWIFT系统接口设备与其说是一个产品，不如说是一个标准[2]。它开始是由巴勒斯公司、通用自动化公司和辛格商用机器公司（辛格缝纫机公司的子公司）[3]合作开发的。这三个公司中，辛格商用机器公司负责开发能在巴勒斯公司生产的机器上使用的接口设备软件。那时，库格先生是辛格商用机器的首席执行官，科密施先生在纽约，斯提茨先生在布鲁塞尔（斯提茨时任辛格商用机器的副总裁），斯提茨先生领导辛格商用机器为不同类型的客户完成了许多涉及计算机的项目，包括兴业银行和比利时联合银行的银行系统以及家乐福的零售系统项目。最终，辛格商用机器公司打败了IMB和其他竞争者抢到了为SWIFT开发接口设备软件的项目。项目从1973年开始到1976年结束。辛格的团队包括13位软件工程师，由从加州大学洛杉矶分校和罗马大学获得博士学位的亚瑟·波塞（Arthur Borsei）领导。在此之前，波塞博士曾参与尤尼瓦克的项目并在原子物理领域内使用铁磁薄场开发更加快速的记忆软件项目上工作过。此外，他还参与过美国的阿波罗登月计划。波塞博士那时在布鲁塞尔的一个写字楼里工作，他的职责就是开发包含多个小型计算机终端系统的SWIFT-辛格接口设备操作系统，以支持国际银行之间的通信网络。在挑选供应商方面，SWIFT特别看重其是否有提高传输速度的技术和生产能力，同时供应商能否按时交货也非常重要。波塞回忆：SWIFT要求非常快的传输速度……我们通过了接收测试，但供应商要求给予更多的时间生产设备。辛格通用机器公司为SWIFT开发的软件必须写入专利的计算机语言以便能同独特的巴勒斯打包电子通信系统相连，然后在试点银行的计算机终端上进行SWIFT系统的初期测试。当时参加试点的银行是比利时联合银行及荷兰银行。在最后验收测试后（1976年7月9日），SWIFT在1976年7月12—16日进行了业务准备测试。比利时银行于1976年7月19日安装了接口设备、被接入数据中心（信息集中器），并在1976年7月20日成功完成了SWIFT银行连接测试。之后不久，荷兰银行也按照相同的程序完成了测试，库格先生从纽约发来了电报说：关于SWIFT，大家都在鼓掌和祝贺。我们应该让世界知道这件事。辛格商用机器公司于1976年被卖给了国际计算机公司（International Computer Limited），之后从2002年开始使用其母公司的名字：富士通。

Notes

1. Information shared by Arthur Borsei (interviewed by Susan Scott and Markos Zachariadis [in person], Brussels, 20 December 2011).
2. Kevin Gidden (interviewed by Susan Scott and Markos Zachariadis [in person], London, 31 March 2009).
3. Information retrieved from (CBI 90), Burroughs Corp. records, Tray 21, Video No. M36. Soon after the initial bid SWIFT cooperated with several other vendors who supplied similar applications and decided to open the competition to the wider software market. The same source suggests that among the first movers were IBM, ARBAT, Olivetti, NCR, LMT, and Siemens.

多种因素，包括操作风险、安全问题以及市场上对所有用户均能使用单一标准化连接方式不断增加的要求，促使SWIFT开始寻找一种更加便宜和容易安装的连接解决办法。虽然SWIFT接口设备在拥有大型品牌计算机的大银行运行得比较顺利，但对那些在业务中依然使用电传处理业务的小银行安装起来就比较困难并且费用也相对较高。为解决这个问题，SWIFT在1981年推出了ST 100界面接口。这个产品后来被证明在赢得众多用户的过程中意义重大。就像一位参与SWIFT Ⅰ工作的员工说的：是ST 100让潜在用户成为用户，因为这个产品相对便宜，在封闭式计算机网络中使用它也相对比较容易[12]。最终，当对这个产品的需求超过其供给后，SWIFT成立了一家销售终端和软件被称为SWIFT终端服务（SWIFT Terminal Services，STS）的全资子公司[13]。在ST 100获得成功之后，SWIFT终端服务公司在1983年宣布启动第2代接口，即ST 200[14]研发计划。在开发过程中起着重要作用的SWIFT终端服务公司这时不但提供24小时接口维护服务，同时也跟其他专业支持团队和代工厂进行合作。它的安装团队提供培训和新的连接支持，同时，它还特别关注如何将用户自己的系统融入目前和计划中的SWIFT内部程序系统。

虽然在SWIFT成立之初，SWIFT及其用户面临着诸多挑战，但这段时间也被一些参与其中的人员描述成是充满乐观主义的时期，那时大西洋两边的参与者都表现出强烈的参与和合作的愿望以确保SWIFT系统平稳顺利。在系统开始平稳运行之后不久，越来越多的国家开始使用SWIFT服务以致通过SWIFT系统的信息报文量大幅增加。截至1979年2月19日，每天通过SWIFT系统的信息报文超过12万份。[15]其结果就是SWIFT有了建立第3个（信息）中转中心的计划以降低报文数量对已有的两个中转中心的压力。1980年2月，第3个中转中心在美国开始运行。与此同时，更多的数据中心在意大利、美国、丹麦和英国建立，并且又有10个欧洲和亚洲国家和地区，包括希腊、西班牙、中国香港、新加坡和日本以及拉丁美洲的阿根廷、萨尔瓦多、委内瑞拉和墨西哥，第一次被接入SWIFT系统，开始使用其信息报文服务[16]。

在接收新的国家和地区加入SWIFT网络之前，SWIFT都要对申请国或地区依照批准条件的一系列指南逐个进行经济评估。其中包括申请国家或地区承诺的2年发送报文数量外加3年预计发送报文数量给SWIFT带进的收入分析。如果计算结果等同或超过SWIFT对这个国家或地区在建立信息网络的投入，这个国家或地区就会被认为是符合接纳条件的[17]。SWIFT投入的直接成本通常包括基站建设成本、购买计算机设备成本、收发国内外报文电子通信成本、SWIFT员工往返这个国家和地区的出差费用以及安装人员工资。

到1983年，SWIFT服务已经覆盖了52个国家和地区，同时，因为银行在相对较小国家开展业务时也需要使用SWIFT服务，所以对扩大SWIFT服务地区覆盖面积的要求也非常强烈[18]。但那时还没被接入SWIFT网络的国家和地区达到SWIFT董事会规定的接入标准有困难。这是以合作承诺而不是商业利益考量为基础建立全球网络的例子：SWIFT董事会决定使用从过去信息报文服务中获取的利润通过补贴的方式资助没有达到接入SWIFT网络要求的国家或地区。

SWIFT希望通过这种方式帮助扩大其服务覆盖面积[19]。图4.2显示从1977年至2006年每年加入SWIFT网络的国家和地区。截至2006年，全球大多数国家和地区都已加入了SWIFT网络。

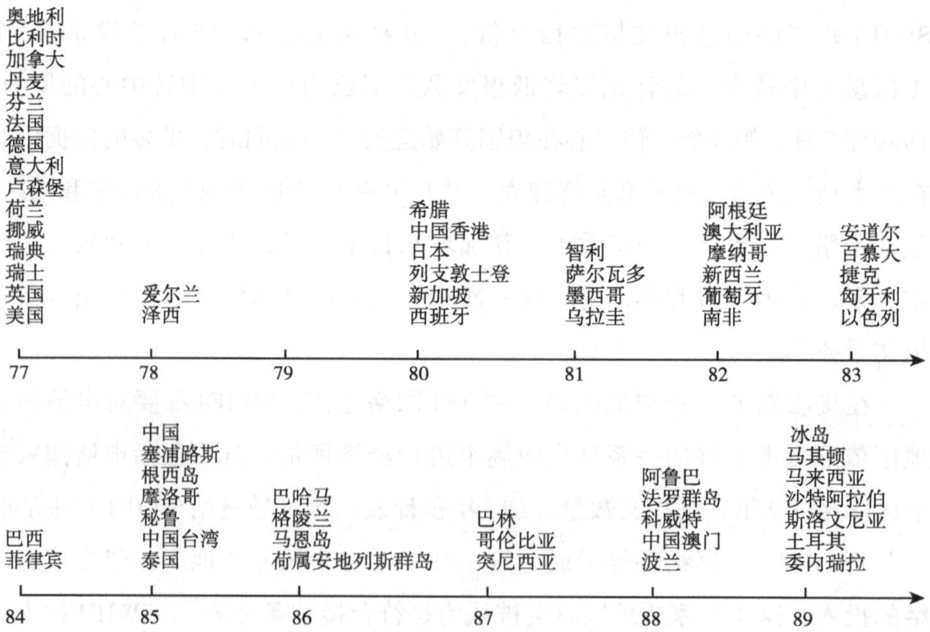

90
开曼群岛
科特迪瓦
克罗地亚
古巴
直布罗陀
瓜德罗普
马耳他
巴布亚新几内亚
马提尼克
波多黎各
留尼汪

91
阿尔及利亚
保加利亚
印度
斯洛文尼亚

92
博茨瓦纳
斐济
韩国
马达加斯加
毛里求斯
纳米比亚
罗马尼亚
俄罗斯
阿联酋
梵蒂冈

93
爱沙尼亚
印度尼西亚
伊朗
哈萨克斯坦
拉脱维亚
莱索托
立陶宛
巴拿马
卡塔尔
乌克兰
乌兹别克斯坦

94
阿塞拜疆
巴巴多斯
白俄罗斯
玻利维亚
埃及
波利尼西亚
加蓬
加纳
约旦
肯尼亚
黎巴嫩
新喀里多尼亚
阿曼
巴基斯坦
巴拉圭
塞内加尔
斯里兰卡
特立尼达和多巴
土库曼斯坦
瓦努阿图
赞比亚
津巴布韦

95
阿尔巴尼亚
亚美尼亚
孟加拉国
喀麦隆
吉布提
多米尼加
圭亚那
格鲁吉亚
牙买加
莫桑比克
尼日利亚
巴勒斯坦
所罗门群岛
斯威士兰
坦赞尼亚
乌干达
越南
维京群岛（美国）

96
安圭拉
安提瓜和巴布达
波斯尼亚
布基纳法索
库克群岛
多米尼加
格林纳达
吉尔吉斯坦
摩尔多瓦
蒙古国
尼泊尔
圣基茨和尼维斯
圣卢西亚
圣马力诺
塞舌尔
几内亚
圣文森特

97
安哥拉
文莱
布隆迪
刚果民主共和国
哥斯达黎加
萨尔瓦多
海地
马拉维
卢旺达
萨摩亚
苏里南
多哥
毛里塔尼亚

98
佛得角
中非
刚果
赤道几内亚
危地马拉
圭亚那
马里
马约特
尼加拉瓜
尼日尔
叙利亚
汤加
维京群岛（英国）
也门
贝宁

99
伯利兹
埃塞俄比亚
冈比亚
洪都拉斯
基里巴斯
利比亚
马尔代夫
塔吉克斯坦
土耳其

00
利比里亚
苏丹

01
柬埔寨
朝鲜
老挝
蒙塞拉特岛
塞拉利昂

02
阿富汗
圣皮埃尔和密克隆群岛
东帝汶

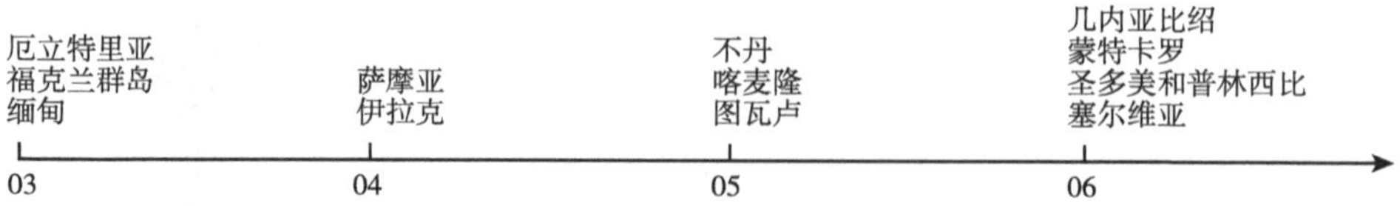

图4.2 SWIFT网络（服务）覆盖国家及地区示意图（1977—2006年）

资料来源：SWIFT。

SWIFT Ⅱ

伴随着SWIFT在这个时期的网络覆盖面积的扩大以及随之而来的报文业务量的增长（见表4.1），对其服务能力及系统结构的担心开始浮现。虽然已经在美国建立了第三个（信息）中转中心，但围绕中央控制—中转设计概念建立的SWIFT Ⅰ系统对增加信息数量形成了不可避免的限制。对SWIFT Ⅰ服务能力不足的担心也因为主要银行（虽然它们都是SWIFT这个合作组织的成员）还在继续研发自己的信息交流系统与日俱增，并且这些银行随时有可能将银行之间的信息交流接入它们自己的专利系统[20]。同时，欧洲的电话、电报及电子通信部门以及其他一些独立的通信公司[21]也在逐渐增加它们在金融服务市场上的份额。为应对这个问题，SWIFT开始考虑使用“分散系统概念”（distributed network concept）在国家数据中心之间建立网络线路以缓解现有信息中转中心的压力（比如，从苏黎世发出的给伦敦或纽约的报文不用先经过阿姆斯特丹中转而是直接转去伦敦或美国），这样不但可以增加系统处理信息的能力，同时也会带出一些新的衍生服务[22]。

表4.1 SWIFT系统每日信息报文量（1977—1982年）

年份	每日信息量（条）
1977	51 700
1978	121 500
1979	164 200

续表

年份	每日信息量（条）
1980	218 700
1981	285 000
1982	346 300

资料来源：SWIFT 10周年纪念册。

人们可以从20世纪70年代后期SWIFT的档案中发现关于升级SWIFT Ⅰ的讨论，那时开发它替代者的想法已经开始形成。伴随着SWIFT Ⅱ开发项目的成型，SWIFT Ⅱ项目的知名度逐渐提高并且它的进展情况是每年SWIFT国际银行业务研讨会（Sibos）必须介绍的内容[23]。但不幸的是，因为改变硬件和软件规格等的技术问题以及项目管理方面出现的状况，使开发SWIFT Ⅱ遇到了困难从而造成了诸多的延误以致人们怀疑以SWIFT Ⅱ代替SWIFT Ⅰ是否还有可能[24]。这期间的严重挑战发生在当研发工作进行到一半时，工程师们决定放弃专利系统转而使用X.25（X.25是一个被广泛使用的协议，它由ITU-T提出，是面向计算机的数据通信网络协议，它由传输线路、分组交换机、远程集中器和分组终端等基本设备组成）分组交换（或称为包交换，packet-switching）协议[25]。一开始，SWIFT管理层决定在SWIFT Ⅱ上使用巴勒斯专属信息协议以保证SWIFT系统使用的巴勒斯计算机与之相匹配，但逐渐受到市场欢迎的[26]可以保证以集中或分组方式高速在一系列不同地区的（信息）中转器上[27]传送信息的分组交换方式促使SWIFT的管理层改变了战略。分组交换架构能够提高系统的可靠性，因为通往信息终点的单一途径被多种途径所取代，用户也能拥有不同的发送路径将信息发至目的地。同时，人们也提出采用分组交换协议也能更好地适应多个代工厂的商业环境。

最终，在延期3年后，经过反复的系统及运营测试，39家银行用户在1990年底前过渡到完整的SWIFT Ⅱ系统上[28]。但即使延误3年多，使用加强版的X.25系统并没有能立即显示出它的所有潜能。在巴勒斯公司开发出一个能将现有的银行系统跟新的SWIFT系统连接起来的接口软件之前及在实施这个系统的初期阶段，SWIFT一直在帮助用户所在的国家用新的系统置换原来的系统[29]。直到银行用户开始使用巴勒斯接口软件，它们才开始收获这个阶段的开发成果并开始使用被录入增加的100万行代码中的978个新功能[30]。

尽管SWIFT决定不再使用巴勒斯专属通信协议，但它依然还在使用巴勒斯生产的主机作为其新的系统平台基础[31]。新系统的架构使用了中央控制系统，分层处理器（可以储存和发送信息的处理器）以及地区处理器以便管理和转换本地协议（见图4.3）。加拿大的北电公司（Northern Telecom，Inc.）[32]承担了3年中要在多个地区建设大约60个DPN-100数字分组交换机的工作[33]。这些新的设备最终将取代SWIFT Ⅰ使用了15年的巴勒斯信息中转设备。开始使用SWIFT Ⅱ后，所有SWIFT主要业务中心将从北电生产的、使用X.25信息交换协议的中转器上接收信息报文，然后将这些信息导至优利（Unisys）主机上。同时，每个地区处理器都可以成为业务中心，这也为国与国之间直接的信息传送选项提供了可能[34]。

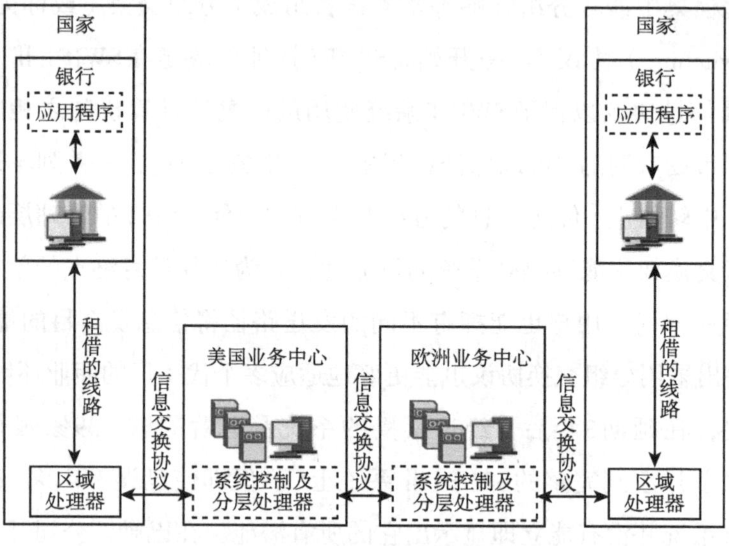

图4.3 SWIFT Ⅱ系统架构

有些人将这次的系统升级和用被称为金融信息系统（FIN network）的SWIFT Ⅱ系统置换原来的SWIFT Ⅰ系统描述成技术混乱的过程。现在回过头来再看，任何一次性改变SWIFT同其用户交流所使用的技术基础、应用以及信息交换协议的企图可能都会超出了项目本身的能力。在1991年，SWIFT有两次长达几个小时不能提供信息服务的情况（我们在第2章已经介绍过这个情况），这让SWIFT对今后系统更新的方式做了重大修改。虽然有实施过程中的挑战，但新的系统平台还是为用户带来很多好处并且解决了原来SWIFT Ⅰ的局限性问题。就像负责置换工作的SWIFT执行副总裁彼得·德拉蒙德（Peter Drummond）说的：……我们需要SWIFT Ⅱ因为我们需要更大的处理信息的能力[35]。经过升级和置换的SWIFT系统处理信息报文的能力从每天的25万份增加到每天的130万至150万份[36]。这也得益于SWIFT购买和安装了价格昂贵的信息中转系统。但跟旧系统比较，SWIFT Ⅱ系统的各个组成部分能够相互匹配，只要连接上新系统，其处理能力就会大幅度提升[37]。并且从这时起，整个SWIFT的系统能力可以不断继续提升。

在对新的网络和通信科技不断探索的同时，SWIFT已经向其会员提供了超出其核心信息服务范围的服务。SWIFT会员获得的早期竞争优势包括自动化带来的高速信息传送、更低的成本、更多的信息报文量、更加安全的交易以及标准化。表4.2介绍了SWIFT会员在那段时间使用SWIFT服务可以获得好处的情况。之后的SWIFT Ⅱ除了向其用户提供更高的服务能力外，还向他们提供其他一些“福利”。基于X.25建立的系统平台可以支持甚至比SWIFT Ⅰ更快的信息传送速度（可达9.6Kbit/每秒）[38]。新系统也支持一些新的服务的开发，比如银行间的文件传送服务（Interbank File Transfers，IFT），处理更多信息的能力，更长时间储存金融指令服务，生成报告和统计功能以及选择传送或不传送信息服务等[39]。

表4.2 初期用户使用SWIFT服务可以获得的益处

益处	描述	信息来源
速度	优先信息报文可以在一分钟之内到达目的地，但跟之前的系统相比，更主要的是自动化条件下的标准认证功能以及数据输入程序。之前的系统因为在这两个方面的瑕疵经常造成支付延误	《银行》杂志1977年第7期
成本	信息报文成本远低于传统的电传和电报。通常，通过电传传送一份信用证的费用是13美元，但使用SWIFT，其成本只是50美分。其他一些估算是SWIFT信息的成本比非SWIFT途径便宜5倍。一些证据显示，使用SWIFT方式收发信息可以降低员工数量	《无纸信用证及所有权文件》（作者：B. Kozolchyk） 《法律及现代问题》杂志1992年 《银行》杂志1977年第7期
数量	可以处理更大数量的信息报文	《银行》杂志1977年第7期
安全	更多的代码及银行间信息认证安全层级	《无纸信用证及所有权文件》（作者：B. Kozolchyk） 《银行》杂志1977年第7期
统一格式	所有信息报文必须严格使用系统自带的统一格式	SWIFT说明书

说明：SWIFT初期的会员银行已经意识到使用SWIFT服务的好处。随着技术和金融行业的发展，用户通过使用SWIFT获得的好处也在变化。最近几年，不同银行对从SWIFT服务中获得好处的看法有所不同。大银行开始将SWIFT看作它们开展业务的必要条件，是一个有价值的服务，而不是在通信领域中的一个战略创新。

SWIFTNet

随着技术的发展以及银行对更多新服务需求的快速增加，SWIFT必须与之同步地开发新产品和进行系统升级。其结果就是在开始全部使用SWIFT Ⅱ不久的1998年，SWIFT官宣了将要开发一个新的TCP/IP（Transmission Control Protocol，TCP，传输层通信协议；Internet Protocol，IP，网际互连协议）系统的计划。这个系统是以IP为基础建立的，并且可以向用户提供一系列新的产品和服务[40]。这个新的根据加密因特网协议（Secure Internet Protocol Network，SIPN）开发的系统被称为SWIFTNet，它替代了老的使用X.25开发的系统并于2002年8月上线（见图4.4）。2002年8月，第一份SWIFTNet FIN（SWIFTNet

金融信息报文）通过SWIFT IP网络系统被发送出去，这个发送时间也标志着SWIFT用户开始了向新系统过渡的过程（过渡工作于2004年完成）。2005年，使用X.25建立的SWIFT系统被官宣终止使用[41]。

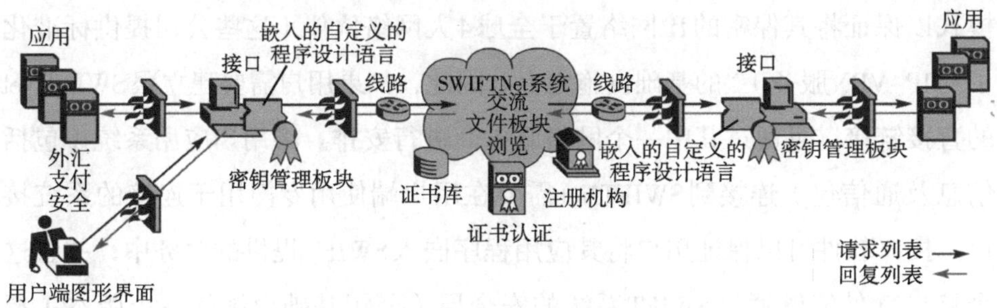

图4.4 SWIFTNet系统配置

新的SWIFTNet系统最重要的开发内容也许是增加了加强版的涉及更加先进的清算和结算指令的市场服务板块，以及增加了一些连接以支持直通处理程序业务。德国的实时全额支付系统（RTGSPlus）和英国央行的询问系统（Enquiry Link），是第一拨接入SWIFTNet和开始使用新开发的SWIFT服务的国内市场参与机构。

在SWIFT成立30年后的2003年（那时SWIFT有来自22个国家518家的银行会员），每年有7 527个活跃用户在世界200个国家和地区相互收发超过20亿份的信息报文。在SWIFT系统进入市场30年后，它的首席执行官兰尼·施朗克（Lenny Schrank）介绍了是什么原因使SWIFT有了在过去30年超出预期的发展以及它如何建立一个庞大的合作社区和独一无二的连锁业务的情况。他说：SWIFT不但是为银行所有的系统，它也是一个银行和金融机构的网络[42]。是什么让SWIFT的历史如此耀眼？用部分施朗克的话说是SWIFT建立了一个能在银行之间的支付过程中减少错误和提高效率的行业合作组织或“社会组织”，这是人们之前没有想到的现象。20世纪70年代SWIFT的初创者并没有意识到“网络效应”这个概念。他们的注意力全都集中在建立一个机构，即一个封闭式的“社会组织”，通过它将会员按照机构设置的方式汇聚起来，然后使用开发的标准建立一个以提高会员银行间交易效率为目的的系统。

近年来，SWIFT一直将它的网络开发外包给其他机构并使用不同代工厂模式以保证将其保密的IP网络置于全球4大网络伙伴（这些公司提供标准化了的IP-VPN服务）[43]的基础设施之上。因此，如果用户需要建立跟SWIFTNet的直接链接，可通过其中一个网络服务商进行安排。将用户应用系统（包括信息及通信包）连接到SWIFTNet需要在用户端使用专门用于连接的系统接口。接口软件可以保证用户将其应用程序嵌入SWIFT提供的服务中，并且这个接口软件能够通过SWIFT系统的安全层（公钥基础设施的一个版本）提高安全系数。这就解决了在信息板块内的认证、完整性和拒发/拒收问题。SWIFT向第三方代工厂提出明确的兼容接口标准和规定以便它们能为SWIFT生产具有竞争性的产品。同时它也向市场提供SWIFTNet各项服务全套的系统接口。用户也可以选择比较便宜的间接连接SWIFTNet方式[44]。但不管怎么说，银行用于SWIFT上的费用只是它用于其IT费用的很小一部分。但如果我们了解了围绕会员和网络服务外延的竞争情况，我们就会知道会员银行持有SWIFT所有权能为其节省成本的全貌。换句话说，银行不但可以通过提高传统代理行业务效率和获取SWIFT服务好处节省直接成本，也可以通过跟其他市场基础设施的相互连接，接触专业知识及影响议题获得额外有益的价值。

SWIFT 用户群的发展及网络的外延

SWIFT会员问题从它1973年成立一直是人们激烈争论的话题，就是现在依然继续吸引着人们的注意力。这主要因为SWIFT的会员也是这个合作组织的股东，因此他们可以对SWIF的决策过程施加影响。这就使会员成为人们关注的一个问题，因为它涉及在SWIFT管理过程中的权力平衡。虽然

SWIFT的构想是建立一个全球性组织，但欧洲银行在原始股东中的显著地位不可避免带有地缘政治的意味（虽然它们彼此竞争）。约翰·朗代尔（John Langdale）说因为复杂的租借网络系统，刚开始SWIFT的担心是大型美国跨国银行的竞争优势[45]。那时，SWIFT经常被看作跟这些大型银行之间交流系统进行竞争的工具[46]。

相互敌意的情绪也反映到最初的董事会组成上。在SWIFT成立11年后，化学银行的罗伯特·摩尔（Robert Moore）成为担任这个组织董事会主席的第一个美国人。但即使有了这个战略性的操作，摩尔向SWIFT组织保证：董事会已经逐渐意识到，要使董事会能有效行使监督公司运营的职责，董事会主席的挑选过程不应被政治因素所干扰[47]。摩尔成为董事会主席的时间正好是查理·雷乌特舍尔德（Charlie Reuterskiöld）被提至总裁位置的时间，这被外界认为是要在SWIFT内部平衡任何政治影响的举措[48]。

不久之后的发展显示，跟美国银行的直接竞争在SWIFT设计及开发标准的过程中不是一个决定性的影响因素。的确，美国人因为有他们自己的国内信息传送系统，比如由美联储拥有和操作的联邦电汇系统（FEDWIRE）以及由私人拥有和操作的银行电汇系统（BANKWIRE），在为美国银行间的国内信息传送提供服务，他们对SWIFT的兴趣不是很大。但不管怎么说，鉴于电传技术在跨国支付中的低效缺点，美国的银行愿意在市场上看到一个SWIFT系统。美国的银行第一波使用SWIFT服务，并且他们证明了他们能有效地使用SWIFT服务以获得他们自己的商业收益[49]。

另外一个引起争议的议题是关于是否应该接纳其他非银行会员。在SWIFT的发展过程中，接受新行业加入SWIFT是人们一直争论的议题[50]。1987年，SWIFT的会员银行通过投票决定扩大其会员接受范围。之后，经纪公司、经营外汇买卖的公司、中央证券保管机构以及清算机构可以申请成为SWIFT的会员[51]。同时，SWIFT开始通过与西德尔清算系统（CEDEL，证券清算行业内主要的由银行拥有的证券和托管清算机构）进行合作，介入证券领域并跟欧洲结算机构（Euroclear）签署了合作协议。所有这些发展以及SWIFT努力推销适合银行间直接证券交易新的信息类型都被认为是SWIFT试图注入新的增值服务，以适应新出现的金融产品的重要措施[52]。

但是其他的金融机构并没有觉得SWIFT在扩大其会员范围上已经准备就绪。比如，国际基金经理组织试图成为会员的努力就被SWIFT会员投票否决了[53]。经过多年的努力，他们终于在1992年被接纳成为会员。这次是美国的银行因为担心基金经理们会选择其他支付方式致使它们失去这块业务转而支持基金公司成为会员[54]，而欧洲人那时还在担心如何定义基金经理公司以及他们在SWIFT系统内的地位。即使对某个行业是否应该被接纳成为SWIFT的会员有争议，SWIFT会员数量仍在不断增加，截至1992年底，SWIFT会员总数已达3 500个。

更多对行业限制的抱怨在20世纪90年代又开始出现，这次是由一些具有顶级信誉（AAA公司）的机构发起的。他们指出，SWIFT既是其系统所有者又是系统标准所有者的情形让它过分侧重金融服务公司的利益，而这是以可以让企业财务受益的创新为代价的，特别是在标准开发领域。1988年，SWIFT表示他们需要对系统使用规则做一些修改并且为照顾企业利益建立一个特殊的会员种类。这个用户群被称为封闭式用户群（Closed User Group，CUG），允许企业通过其银行（必须是SWIFT的会员银行）使用SWIFT服务。它在2002年推出后获得了成功，首批这种类型的用户群就有20个[55]。

我们可以通过历史的视角审视SWIFT会员网络的发展，这可以帮助我们找到过去几十年是什么事件和影响对SWIFT业务发展和服务的使用产生过影响。图4.5介绍了从1977年SWIFT开始其业务到2002年一些在SWIFT发展过程中起着决定性作用的事件。这些事件被标注在一条反映SWIFT网络服务外延情况的曲线上，以便显示这些年动态关系的情况。从图4.5可以看出，3个事件对SWIFT近期和长期发展具有重要作用。系统升级对提升基础设施能力以及支持更大数量的用户群和交易量有着直接的影响。1983年被官宣，1990年完成替代上代系统基于X.25开发的SWIFT Ⅱ就是一个很好的例子。使用SWIFT Ⅱ在那时非常必要，因为它有更大处理信息报文及适应客户需求的能力[57]。纳珍·罗森博格（Nathan Rosenberg）、布朗温·霍尔（Bronwyn Hall）和比斯卡·汉（Beethika Khan）将这个事件产生的影响称作“供给侧”影响的一部分，因为系统升级和技术进步是创新过程的重要因素[58]。至于SWIFTNet，情况有所不同。虽然官宣的IP平台看起来跟SWIFT服务版图的扩张处在同一时期，从旧系统过渡到新系统似乎对增长有负面影响。这可能是因为向用户提供的新技术需要用户升级他们的软件及硬件设备以适应新的技术，这使他们不得不增加一些购置成本的缘故。也可能是那些不常用SWIFT服务的用户那时选择离开，因为使用SWIFT服务已经不能让他们实现成本/效益目标。[59]

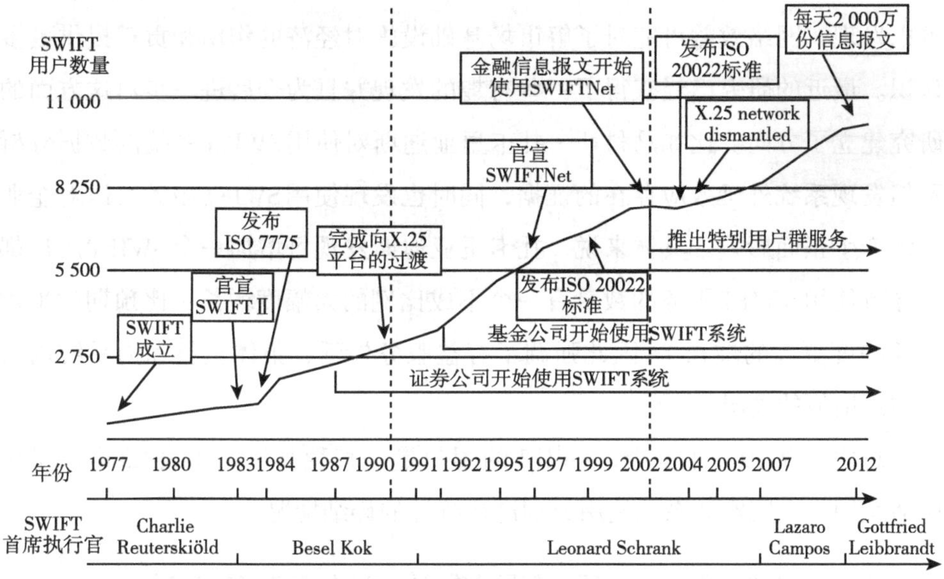

图4.5 SWIFT网络服务的外延[56]

在扩大用户数量的过程中，新标准的研发与技术进步同样重要。在系统平台上收发信息不但可以向用户提供更多兼容性益处，同时也可以向他们介绍过去从来没有过的产品和服务。而多种多样的解决方案也让更多的公司争先恐后地申请加入SWIFT系统。最后，接纳不同类型的金融机构及企业从一开始就是影响SWIFT成长的一个因素。但是，只有在上述因素合力的作用下，SWIFT才能获得市场认可及在金融服务行业实现增长。比如，引进类似ISO 7775或ISO 20022新的标准和允许证券公司使用SWIFT服务后，就吸引了更多的证券公司加入SWIFT并使用SWIFT服务（我们在本书第3章已经介绍过这个情况）。其结果就是那些新加入的公司又促使SWIFT加速必要的技术创新，以满足他们的需求和增加SWIFT的业务量。

按时间介绍的SWIFT系统发展和服务范围的扩大可以为我们提供了解这个机构的重要信息，但SWIFT在不同国家和地区准确的发展过程和方式依然不是那么的确定。外部因素也有可能对用户数量产生影响，比如2000年互联网泡沫的破裂和之后两年的商业衰退，再比如“9・11”恐怖袭击等[60]。从中可以发现，网络效益可能对了解市场基础设施对经济的作用和贡献提供更多认识。最近的研究已经获得了一些有趣的发现并且为今后进一步对这方面的研究建立了方向。比如马科斯・扎卡里亚迪斯对使用SWIFT系统的数据分析不但发现系统外延效应存在的证据，同时也发现使用SWIFT服务可以对企业业绩产生正面影响。具体来说，扎卡里亚迪斯发现每增加一个SWIFT用户都会导致使用SWIFT服务的数量有一个不成比例的大幅度增长（比预期的平均增长幅度更大的增长），因此强调了有益服务外延、集体获益和为系统内所有用户增值的情况[61]。

总之，从1977年至今，SWIFT的用户量一直稳步增加（表4.3提供了按照活跃用户、国家和系统使用分别进行统计的详细情况）。

表4.3　SWIFT用户，国家及年使用数量增长情况（1977—2012年）

累计使用数量		国家（个）	年报文量（单位：千）
年份	公司（个）		
1977	518	22	3 400
1978	586	25	21 600

续表

累计使用数量		国家（个）	年报文量（单位：千）
年份	公司（个）		
1979	683	30	34 500
1980	768	36	46 900
1981	900	40	62 500
1982	1 017	44	79 900
1983	1 046	52	104 100
1984	1 188	54	129 900
1985	1 946	58	157 220
1986	2 161	61	192 010
1987	2 360	64	222 300
1988	2 537	76	255 111
1989	2 814	78	296 070
1990	3 049	83	332 895
1991	3 243	87	365 159
1992	3 582	94	405 541
1993	3 986	106	457 000
1994	4 625	126	518 000
1995	5 229	137	603 000
1996	5 632	151	688 000
1997	6 176	164	812 000
1998	6 557	178	937 000
1999	6 797	189	1 059 000
2000	7 125	192	1 274 000
2001	7 457	196	1 534 000
2002	7 601	198	1 817 000
2003	7 527	200	2 047 000
2004	7 667	202	2 299 000
2005	7 863	204	2 518 000
2006	8 105	207	2 865 000

续表

累计使用数量		国家（个）	年报文量（单位：千）
年份	公司（个）		
2007	8 332	208	3 501 000
2008	8 830	209	3 855 000
2009	9 281	209	3 760 000
2010	9 705	209	4 031 935
2011	10 118	210	4 431 099
2012	10 279	212	4 589 109

资料来源：SWIFT。

小　结

在本章中，我们以不断发展的技术为背景介绍了SWIFT系统基础设施和它会员的增长情况。SWIFT的信息标准、产品、服务及技术必须不断升级。就像我们前面介绍的，第2代系统SWIFT Ⅱ，比原来的系统先进得多。除了具有更加快速的处理信息能力，新的系统还具有灵活性和向市场提供新服务的可能性。自2004年以来，在经历了几次技术调整后，SWIFT系统已经完全过渡到基于IP建立的平台上，这为它今后开发更多的商业解决办法创造了条件。但技术和信息标准的升级有时会被SWIFT用户认为是额外的负担，他们会因为使用SWIFT成本增加变得不情愿。其结果就是在解决用户关注和实现自己运营及维护一个全球网络目标的过程中，SWIFT一直处在需要不间断地满足用户期待和向他们提供新的连接方案或新的服务的压力之下。

SWIFT服务和会员数量的快速增加以及其组织机构的发展并不是没有遇到过挑战。政治、监管和其他问题通过威胁SWIFT全球金融领域中立市场基础设施的地位，对SWIFT的发展产生过极其严重的威胁。在下一章中，我们将会更加深入地讨论这些问题，以便能更好地理解那些行业内和超出行业范围的争论。

Notes

1 The figure is based on 2002 estimates by Michael Brindle and Raymond Cox, eds., *Law of Bank Payments* (London: Sweet & Maxwell, 2004): 101.

2 Burroughs Corporation was one of the largest American manufacturers of mainframe computers and information systems solutions at this time. In September 1986, Burroughs acquired Sperry Corporation to form a new company named Unisys (see also Chapter 1).

3 According to information retrieved from the Charles Babbage Institute (CBI) (Archive, Burroughs Corp. (Ascent ion 90), press releases 1947–1987 (90:72, Box 1, Folder 17, 7 March 1974)), the initial value of the equipment was more than 6 million US$, and included two dual central processor B 3 700 computer systems, four data communications processors, and 14 data concentrators.

4 CBI Archive, 90:72, Box 1, Folder 17, 7 March 1974.

5 "New SWIFT network gives banks an instantaneous link worldwide", *Banking,* 69 (7) (1977): 48, briefly discusses the issues that delayed start up on several occasions, and pushed the cutover date to live operations back by about a year.

6 "SWIFT plans to start on May 9," *Banking,* May (1977).

7 Information retrieved from Barclays Group Archives (BGA) (HOC 138–77); internal communication from Barclays Bank, 3 May 1977. The same document suggests that the official starting date for the UK was set to be 18 July.

8 The 3 270 protocol was originally used by IBM 3 270 terminals during the 1970s (hence the name). These accepted large blocks of data (data–streams) from remote mainframe computers, and even though IBM stopped producing 3 270 terminals, the protocol continued to exist and was commonly used as it reduced the amount of data transmitted and the number of interruptions to the mainframes (Cisco Systems, "Introduction" to *Telnet 3 270 Report*).

9 George Ballester and Edmund Marcarelli, "The impact of global information technology on international investment managers and custodians", in *Global Issues of Information Technology Management,* eds S. Palvia, P. Palvia, and

R. Zigli (Harrisburg, PA: Idea Group Publishing, 1992): 366.

10 "New SWIFT network", *Banking* : 48.

11 BGA, 80–4134, internal communication, June 1975.

12 Kevin Gidden (interviewed by Susan Scott and Markos Zachariadis, [in person], London, 31 March 2009).

13 SWIFT s.c. also owned another subsidiary called SWIFT Service Partners SA (SSP) which supplied SWIFT services to new securities participants. In 1992, under the leadership of the new CEO Leonard Schrank, both STS and SSP were merged back within their parent company SWIFT s.c. in order to reduce sales costs and achieve economies of scale while expanding the SWIFT network in more countries, especially the developing world.

14 The ST200 was based on Burroughs equipment and incorporated special software programmed by SWIFT. Its initial price was approximately $20 000 for a single configuration. The price per workstation could be much lower for larger configurations–for example, approximately $8 000 (Guildhall Library Manuscripts (GLM), Section, M32326B, File no. 253, ST200 product information, *c* . early 1983). Other popular models around that period where the MERVA from IBM, and FASTWIRE from Logica. Also, a limited version of Mini–SIDs was developed to accommodate smaller users.

15 GLM Section, M32326B, File no. 253, British Bankers Association (BBA), private and confidential communication, 23 February 1979. Up to then SWIFT had a theoretical capacity of 200 000 messages per day but there were concerns regarding its capability to deal with the transactions load in the near future.

16 Information retrieved from BGA, 80–3056–2: SWIFT brochure, *c* . March 1980. As part of its network expansion, SWIFT opened regional offices around the world starting from New York, and later on in Hong Kong, Singapore, Tokyo, and Buenos Aires (CBI 90, Burroughs Corp. records, Tray 21, Video No. M36).

17 SWIFT Executive report no. ER163 (*Costing Techniques for Economic*

Evaluation of New Countries), 3 March 1981.

18 SWIFT Executive report no. ER217 (*Amended Policy on Geographic Expansion*), 9 September 1983.

19 SWIFT Executive report no. ER241 (*Policy for Geographic Expansion (Loss- Avoidance Strategy)*), 7 March 1984.

20 James Baker and Raj Aggarwal, "Evaluation of global electronic funds flow system: the Society for Worldwide Interbank Financial Telecommunications (SWIFT)", in *Global Information Systems and Technology: Focus on the Organization and its Functional Areas,* eds. Candace Deans and Kirk Karwan (Harrisburg, PA: Idea Group Publishing, 1994): 107–31.

21 Some good examples of such companies were GEISCO (General Electric Information Services Co.) and Reuters in the international arena, and the French SIT (System Interbancaire de Telecompensation), an automated cash transmission system in the national arena (Baker and Aggarwal, "Evaluation of global").

22 GLM, Section, M32326B, File no. 253, British Bankers' Association (BBA), private and confidential communication, 23 February 1979.

23 S. Newman, "SWIFT I will give way to SWIFT Ⅱ , beginning in 1985; new telecommunication system will double capacity", *The American Banker* (1984): 13.

24 John Parry, "Bank communications system delayed; expansion of financial message link postponed another year", *The American Banker,* February (1987): 2–3.

25 Barton Crockett, "SWIFT2 completion adds needed capacity", *Network World* (1990): 27–30.

26 At the time, packet switching was considered a development in data transmission compared to circuit switching where an entire message is sent without the need to be reassembled upon arrival to its destination. With circuit switching a lot of the network capacity can be consumed to set up connections which are not used continuously. Circuit switching was also

considered costly as PTT fees were charged based on the connection time rather than the data transferred which is the case with packet switching. Packet switching was largely established during the early 1980s with the most popular standard protocol suite X.25. More on the X.Series standards can be found through the International Telecommunication Union (ITU) at www.itu.int .

27 BGA, *SWIFT "Company Plan"*, 25 January 1979.

28 Baker and Aggarwal, "Evaluation of global:" 117.

29 "What will SWIFT Ⅱ mean to your bank?", *ABA Banking Journal* (1986).

30 Baker and Aggarwal, "Evaluation of global".

31 Note that during this period Burroughs was acquired by Unisys Corp.

32 Today known as Nortel.

33 Wayne Eckerson, "SWIFT set to build global packet net", *Network World* (1989): 6.

34 "SWIFT Ⅱ will open new doors", *The Banker* (1983).

35 Crockett, "SWIFT2 completion": 27.

36 "SWIFT Ⅱ transition", *ABA Banking Journal* (1987): 112.

37 "What will SWIFT Ⅱ mean?", *ABA Banking Journal* .

38 Until that time the speed of the initial network could reach a maximum of 4.8K bit/sec.

39 For more details on the benefits delivered by SWIFT Ⅰ and SWIFT Ⅱ , see Baker and Aggarwal, "Evaluation of global"; Newman, "SWIFT Ⅰ will give way": 13; "What will SWIFT Ⅱ mean?", *ABA Banking Journal* .

40 Anthony Gandy, "SIBOS unveils the next generation: global financial payments organization SWIFT continues to expand, with the introduction of its next generation infrastructure, a move into securities and an involvement in e-commerce", 148 (872) *Banker* (1998). See also SWIFT's *User Handbook 2011* and information from www.swift.com (retrieved in March 2011).

41 Ibid.

42 SWIFT history: 2003–"30 years of networking" (Leonard H. Scharnk, CEO, SWIFT) can be accessed at www.swift.com (retrieved in March 2011).

43 SWIFT report on *High Values Payment Market Infrastructures* (*HVP MI*), February 2009.

44 See Chapter 2 for more details on the different products and services provided by SWIFT.

45 John Langdale, "Electronic funds transfer and the internationalisation of the banking and finance industry", *Geoforum,* 16 (1) (1985): 6.

46 US Congress, Office of Technology Assessment, "Effects of information technology on financial services systems" (Washington, DC: US, OTA-CIT-202, September 1984).

47 Robert Garrson, "Americans gain top post, added clout in SWIFT; telecommunications group elects Chemical's Moore as chairman", *The American Banker,* April (1984).

48 Both these developments took place before a critical voting on procedures for amending the company's bylaws and the acceptance (or not) of stockbrokers to the network.

49 For more details on the economic impact of SWIFT adoption, see Susan Scott, John Van Reenen, and Markos Zachariadis, "The impact of the diffusion of a financial innovation on company performance: an analysis of SWIFT adoption", *CEP Discussion Paper* CEPDP0992, August 2010.

50 "Global custody: SWIFT busters strike out", *The Banker,* 142 (795) (1992): 44.

51 Securities have since proved to be a significant source of revenue for SWIFT. From the current FIN traffic about half (49.3 percent) is generated from payment messages which are still the dominant market on the SWIFT network but securities messages follow closely with a 44 percent share (Treasury and Trade account for 5.6 percent and 0.9 percent, respectively). Distribution by region is as follows: Europe, Middle East, and Africa 67.2 percent, Americas 20.4 percent; Asia Pacific 12.4 percent (see SWIFT report, *SWIFT in Figures,* April 2013).

52 "Future directions for SWIFT", *The World of Banking,* January (1983).

53 "The big US banks led the opposition", along with some German, French, and Japanese banks, but their resistance was expected to be reversed. Information obtained from "Global custody", *The Banker* : 1.

54 The "big" banks came to realize that they "can no longer push their proprietary networks on to investment managers as an alternative to SWIFT" ("SWIFT lets in fund managers", *The Banker,* 142 (1992): 1).

55 SWIFT *Annual Report* 2002.

56 Diffusion data are based on the number of SWIFT network live users since 1977. These were mainly acquired from SWIFT annual reports and online datasets. The figure is redrawn from Markos Zachariadis, "Diffusion and use of financial telecommunication: an empirical analysis of SWIFT adoption": 12 (a copy of the full paper can be found at http://archive.nyu.edu/handle/2451/31404). Diffusion data are also presented in Table 4.3 .

57 Crockett, "SWIFT2 completion": 27.

58 Nathan Rosenberg, "Factors affecting the diffusion of technology", *Explorations in Economic History,* 10 (1) (1972): 3–33; Bronwyn Hall and Beethika Khan, "Adoption of new technology", in *New Economy Handbook,* ed. Derek Jones (Amsterdam and London: Elsevier Academic Press, 2003): Chapter 10 .

59 Around that time SWIFT went on to design new connectivity products that met the requirements of smaller banks and "lighter" users. An example of this movement was the development of the "Lite" solution.

60 That was the first year since the founding of SWIFT that the total amount of users decreased even slightly.

61 Zachariadis, "Diffusion and use of finanical telecommunication: an empirical analysis of SWIFT adoption", 1–44. Paper can be accessed here: http://archive. nyu.edu/handle/2451/31404.

第5章 通过历史视角审视目前的争论

- SWIFT合作的特点与业务发展界线管理
- 数据保管与恐怖分子资金追踪计划
- 地缘政治与伊朗金融机构被从SWIFT系统中移出
- 全球化、半全球化与地缘政治

过去几十年，SWIFT服务已经超越了许多社会、政治及地缘政治界线，也一直被涉及标准研发以及谁可以使用它的服务的争论包围着。但即使面对这些挑战，SWIFT依然保持着它的长期和重要的合作性质组织代表的地位。通过这个合作组织，竞争者可以通过使用会员所有的基础设施来获得兼容性收益。在这一章里，我们通过历史的视角讨论目前围绕SWIFT的争论，着重介绍作为一个国际性组织，SWIFT如何协调不同会员机构之间的关系，又是如何跟代表着不同利益的机构进行谈判的。我们先从跟国有邮政、电报及电信的要么成功要么失败的关税谈判开始介绍，并用它作为我们讨论SWIFT的合作属性以及管理机构业务界线所遇到的挑战的开场白。接下来，我们会介绍SWIFT参与的恐怖分子资金追踪计划（Terrorist Finance Tracking Program，TFTP）并讨论因这个追踪计划引出的数据保管问题。再接下来，我们会介绍目前根据监督条款采取的将伊朗金融机构移出SWIFT系统的情况，以及简要地讨论一下作为全球网络系统的SWIFT所面临的压力。最后，我们会在对更加广泛的全球化的讨论中审视这些已经发生的事情及其影响。

SWIFT合作的特点与业务发展界线管理

SWIFT的合作特点是金融服务行业的会员机构经常争论的话题，这个话题隔几年就会重新出现一次。在起起伏伏中争论的问题是：

SWIFT是否具有足够的资源、灵活性及反应速度来适应新的科技发展和竞争所带来的对其生存的威胁？SWIFT是否应该去掉非营利组织的枷锁，代之以某种形式的私营企业形式，甚至建立股份制企业？在今后5—10年内市场是否还需要SWIFT服务[1]？

当作为“连接系统开拓者”的光环逐渐褪去，SWIFT会员（常常是非银行机构的会员）经常问：“你最近为我做了什么？”[2]SWIFT也许曾在改变银行国际业务后台操作及证券业务的过程中起过重要作用，但那已经是过去的事了。他们问：SWIFT今后的计划是什么？（见专栏5.1）[3]

专栏5.1 海蒂·米勒（Heidi Miller）在2004年SWIFT国际银行业务研讨会上的发言

被广泛传播的对SWIFT的批评是其会员银行摩根银行的海蒂·米勒在2004年亚特兰大SWIFT国际银行业务研讨会全体会议上的发言。虽然行业评论员只谈论她关于SWIFT的内容，但事实上米勒从发言一开始就向她金融服务行业的同事提出挑战：“这个行业内的私人定制以及不同国家和不同市场之间缺乏基础设施统一标准的情况让我吃惊。”她问：“为什么一部分金融服务行业还那么依靠人工和纸张来完成业务操作？”她接着说：

“就整个行业来说，我们距直通处理程序还有很长一段距离……我们受到来自法律和监管的束缚，受到我们和其他机构已经过时了的设备的束缚以及我们银行业像蜗牛一样的改变速度的束缚。就整个行业来说，我们离快速处理业务的目标非常远。我们支持了太多的重复性质的基础设施和信息系统的投资，我们有太多的专利标准、太多的中介软件平台、太多的过时了的程序、太多很多年前就应扔进垃圾箱里的产品。

人家告诉我，SWIFT很成功，因为它替代了老的电传机并能对我们后台自动化提供帮助。SWIFT为我们这个行业节省了几十亿美元，但更重要的是，它提高了国际支付的处理速度，也更便宜，这对我们和我们的客户都是显而易见的。所以，祝贺SWIFT，你们干得很好。

那么接下来是什么？换句话说，今天，电传的替代者SWIFT还能帮我解决什么问题？所以，我向SWIFT提的问题是：你们怎么帮助我们依托这个奇妙的新平台，借助你们令人惊叹的能力和这个组织不可思议的聪明才智，帮助我们开发新的业务方式和商业解决方案？你们如何帮助我们置换那些老旧的基础设施？你们如何能帮助我们这个行动迟缓的行业加快行进速度，以抓住所有新出现的机会？这就是挑战。”[1]

虽然米勒的发言没有引起多大反响，但她对问题的诊断就是改变管理模式：“当你要求别人改变，他们都会很恐惧。”在海蒂·米勒提出SWIFT应该通过建立单一服务窗口来替代不同专利银行接口后的10年时间里，SWIFT陆续研发出一系列的产品和服务以满足客户的这种要求。

Note

1. Transcribed from SWIFT archive video of Heidi Miller's speech at Sibos, Atlanta, 2004.

这就提出了两个问题：对SWIFT未来的猜测有什么依据？以及作为合作性组织的SWIFT如何在一个竞争的领域内定位自己？虽然对这两个问题的一个肯定回答是SWIFT应该维护其会员群体，但我们也希望能大致描述一下不同讨论要点并通过了解一些历史案例借鉴一下这些案例的经验。从技术角度上讲，虽然理论上SWIFT是可以被取代的，但在不知道什么能取代它以及取代者对金融服务行业有什么长期影响的前提下，要完全放弃有完整稳定性记录、安全的SWIFT系统比较困难。正像我们前面介绍的，成功地将银行集团汇聚起来并且获得关键用户群对其产品和服务的青睐并不是任何系统项目都能实现的目标。复制相似的数据、系统、标准以及财务信心会分散以营利为目的机构的资源和精力。

从机构管理的角度讲，一旦SWIFT被监管机构正式允许接入市场基础设施，比如欧洲清算中心，在中短期内将它置换出去的可能性非常低。现在，SWIFT已被接入许多市场基础设施，因此连接着全球大多数国际金融领域内的主要金融机构，包括中央银行、外汇商、清算及结算机构。虽然至今很少有人提出要寻找SWIFT的替代者，但即使有，在SWIFT基础上再建一个相似的系统好像意义也不大。但每次SWIFT增加其在全球结算领域内的作用，增加会员数量或提供更多的产品和服务，事实上都是在跟商业利益集团找别扭。它的一些某些行业内的会员告诉它的管理层："你们应该专注于你们的传统业务"[4]，即专注于在标准化和信息报文领域内的研发专长，别老想着在新的领域开发产品。其他一些会员反对SWIFT扩大业务范围是因为如果SWIFT将其信息报文及连接服务延伸进相邻行业，他们的既得利益就将受到威胁。

"公平地讲，不论我们做什么总会让某个地方的一些人不高兴，我们改善了公平竞争的环境，但一旦我们这么做了，我们大概率会为自己带来麻烦。"拉萨罗・坎波斯（前SWIFT首席执行官）的这句话带有一些哲学的味道。"合作的本质意味着你永远做你的会员希望你做的事。"他说："SWIFT业务发展的界线不会固定，它只是随着时间的变化而变化。"[5]

这些年，在某些人眼里的合理改变在另外一些人眼里就是机构身份的危机。但通信技术和金融服务发展史显示，每次创新和建立新价值中心无不涉及对现有业务界线的挑战。SWIFT早期与欧洲邮政、电报及电信部门的冲突正好说明了这一点。它们这个利益冲突的故事不但让我们能更好理解SWIFT

出现的原因，由使用电子通信服务引起的紧张关系以及服务定价这些在互联网时代依然存在的问题，也让我们思索竞争性动力以及在相关行业内那些已有机构的垄断行为。就像现任SWIFT首席执行官哥特弗雷德·莱布兰特说的："SWIFT不是银行，我们可能更像一个电信服务供应商或一个科技公司。"[6]

20世纪70年代，当SWIFT接近向市场提供信息报文服务的时候，出于对自身收入将会受到来自SWIFT威胁的担心，邮政、电报及电信管理部门曾试图将按报文数量收取租借线路使用费的要求强加给SWIFT。与这些管理部门的集体代表，欧洲邮电通信协会（the Conference of European Post and Telecommunications，CEPT）的谈判占用了SWIFT高层大量时间。当时领导SWIFT谈判团队的SWIFT第一任财务总监贝塞尔·科克（Bessel Kok）回忆道：

邮政、电报和电信管理部门决定通过欧洲邮电通信协会联合它们所有势力反对SWIFT，并说它们是阻止SWIFT的一道防线。开始，我们只需要为测试系统租借一条线路，所以他们有两年的时间谋划怎么向我们收取费用。这期间，他们想出了按报文数量收费的方式，这对我们绝对不是个好消息。这表明邮政、电报和电信管理部门没把我们当作客户，他们把我们看作他们的竞争对手。他们的代表，欧洲邮电通信协会，对我们说："你们会从我们的收入中拿走一块。"我们问："什么收入？"他们回答："电传收入。"所以，我们成了他们电传收入的终结者。我们说："这太荒谬了，我们发明了飞机这种新的交通工具，但你们依然让我们补偿你们，就因为我们没有用你们的小船出行？"他们不明白建立在电脑基础上的信息交流代表着未来——反正我们需要固定费率[7]。

对SWIFT重新规划的收费方式[8]跟邮政、电报和电信管理部门以及欧洲邮电通信协会同意的向国际航空电信公司（Société Internationale des Télécommunications Aéronautiques，SITA，这是于1949年成立的主要为欧洲的航空公司之间的通信提供系统服务的公司）[9]提供的单一收费标准的政策背道而驰。国际航空电信公司说这种单一费率对提供空中交管服务（也就是对安全飞行）的航空通信系统非常关键。相反，贝塞尔·科克说，欧洲邮电通信协会提议SWIFT按一定比例的报文量缴纳使用费。每个月我们必须填写一张显示详细报文数量的表格。有多少信息报文从一个国家发至另外一个国家，这个表格被称为邮政、电报及电信管理部门的统计表。它们收到表格后，会依据上面的信息给我们发来账单。但在1976年，查理·雷乌特舍尔德（Charlie Reuterskiöld）有了一个绝好的想法："我们向欧盟委员会投诉。"[10]

随即，SWIFT向欧盟委员会进行了投诉[11]，说邮政、电报及电信管理部门滥用市场主导地位。从金融服务行业的角度上说，SWIFT的信息报文服务也对这个行业的安全起着至关重要的作用。在向欧盟委员会提交投诉后，SWIFT跟邮政、电传及电信部门就新的收费计算方式达成了协议[12]。虽然欧盟委员会没有出具正式的裁决，但这个投诉为SWIFT赢得了广泛的同情并且让欧洲邮电通信协会承受了压力：

它们至少使费率可以让人接受。这是个苦难的过程，带有鲜明的欧洲特色，美国人就没有这样的问题。我们不得不跟邮政、电传及电信部门斗争，他们是在保护他们的垄断地位，但他们的确应该睁眼看看外面的世界。SWIFT是为国际通信的发展服务的，他们不应该那么自私[13]。

同欧洲邮电通信协会的谈判让大家意识到了正在进行的促使具有国营垄断性质的邮政、电传及电信公司向私营电信企业及相关行业转移业务的趋势，同时，也让大家认识到政府监管部门的作用和重新制定的商业模式[14]。托马斯·拉姆塞（Thomas Ramsey）引用了1975年欧盟的数据处理政策对此做了进一步说明。欧盟委员会的这个政策中说："世界进入分散的计算机时代后，有两种截然相反的趋势。"第一种趋势包含为多元和分散的数据处理服务逐步创造新的机会。根据欧盟委员的说法，只有在政府创造出一个标准、采购及援助框架以防止垄断和支持多元化的进程，这个趋势才能继续。第二种是不太有吸引力的趋势，它包括逐步建立一个由一家拥有所有硬件及软件服务，能解决所有数据处理需求的公司，以使用户必须长久使用这家公司的服务，从而极大地限制消费者自由选择的空间。第二种选择可能会继续存在，除非政府向其他替代供应商提供非常有吸引力的营商环境[15]。

就像我们看到的，SWIFT随后为其通信系统开发了安全的互联网协议（IP），因此它一直跟上面的争论保持着距离。即使如此，在初创期小心管理跟其他行业内现有企业之间的业务界线，为建立系统业务及全球基础设施的SWIFT提供了非常关键的帮助。在谈论跟邮政、电传及电信部门打交道的经验时，拉萨罗·坎波斯（Lázaro Campos）说，那种情况是“正常的，我们已经反反复复地看到了那种情况，每当用户需求超过现有供应商的供给时，那些现有的供应商总觉得用户的需求没有什么价值”[16]。

具有讽刺意味的是，在20世纪90年代，SWIFT自己也因垄断行为成为被投诉的对象[17]。这次是法国邮政总局在1994年向SWIFT提交会员申请，但经过咨询法国的国家用户组[18]，SWIFT以申请人不是传统意义上的银行（即需要接受监管并有完整的银行功能）[19]为由拒绝了法国邮政总局的会员申请。1996年，法国邮政总局向欧盟委员会提交了投诉信，1997年3月，欧盟委员会开始正式调查SWIFT的程序。其调查依据包括，SWIFT拥有：

> 具有垄断性质的市场主宰地位，因为它是唯一提供国际支付信息报文服务的运营机构，也是唯一能将全球各地银行连接起来的系统平台。它本身就是一个市场基础设施，因此拒绝任何机构使用这个系统平台无异于将这个机构排除在国际转移支付市场之外[20]。

欧盟委员会还发现SWIFT设置的一些加入条件不公平，它把这些不公平的条件通过歧视性的方式强加给了法国邮政总局[21]。虽然SWIFT不同意欧盟委员会的这些说法，但它还是向这个委员会提交了一份行动清单，承诺它将接受任何机构的会员申请，只要它们满足欧洲货币研究所（European Monetary Institute，EMI）设置的加入国内银行支付系统的条件。看到这份行动清单，欧盟委员会认为它们的目的已经达到，并在之后公布了这份行动清单[22]。此后，SWIFT承诺在1998年股东大会前建立一个不持股权的金融机构会员组。在建立这个新的用户组之前，SWIFT将允许满足欧洲货币研究所条件的非金融机构通过一份合作协议，在没有任何歧视的情况下使用SWIFT系统。同时，如果SWIFT董事会和各国的国家用户组在是否接受某个机构的会员申请时发生分歧，SWIFT应该通知欧盟委员会。

虽然SWIFT从一开始就代表着金融服务行业的巨大创新，但它也没能幸免被说成有时是进一步在行业内进行改变的阻力。它的会员非常有效地控制着SWIFT网络及标准研发议题的制定。特别是有几次，会员银行延迟批准扩大会员行业的范围，开始是在20世纪90年代针对证券行业，后来是在2000年针对企业，因此SWIFT被指责是在阻碍进步。人们也提出SWIFT开发的标准是否适合所有会员对金融供应链服务的要求[23]。为了应对这个问题，SWIFT建立了一些新的会员群组，同时也跟一些标准化机构比如国际标准化组织（ISO）更加紧密地进行合作。

至此，我们从SWIFT的历史中挑选了一些重要的有意思的事件，比如它跟欧洲邮政、电传及电信管理部门及法国国家邮政总局的争执，随时间变化而变化的会员构成以及对其业务范围及创新带来的压力，以说明由SWIFT合作特性引出的问题以及它在处理业务界线时所面临的挑战。介绍一个跟SWIFT相似的组织，并在一个更加广泛的金融服务行业的历史背景下继续我们对SWIFT的讨论会有一些价值，所以，我们向读者提供另外一家（近期）在金融领域出现的带有合作性质的机构——维萨（Visa，信用卡公司）的简要分析。维萨管理着全球电子转移支付业务，跟SWIFT一样，它的机构组织形式也是具有合作性质的。在20世纪60年代末成立这种形式机构的初衷是使多个相互竞争的金融机构一起合作开发出一种客观地说在当时没人能独立提供的支付服务[24]。跟SWIFT一样，维萨也是一个高度稳定的组织[25]，它拥有自己的系统、自己研发的标准，并为其业务制定规则。到目前为止，维萨是以非营利会员组织的方式进行运作，它建立及管理着向多个金融机构提供支付处理业务必不可少的法律、金融的及技术基础设施[26]。但即使SWIFT跟维萨有相似之处，它们之间的差别也非常明显。

比如，两者成立之初非常不同的发展过程塑造了它们各自的管理及价格策略。维萨最初的会员结构及管理反映着它希望解决金融机构之间具体问题的愿望，比如，机构间的不合作问题及欺诈行为。跟维萨崎岖不平的初创之路不同，SWIFT的初期发展之路相对比较平顺，这得益于我们在本书第1章介绍过的由美国第一国家城市银行MARTI项目引起的“平台着火了”事件，也可能是因为SWIFT更加专注于一个战略目标，而希望提高具体支付业务效率和达到一定业务稳定程度聚拢在一起的银行利益集团支持这个战略目标。这种共同的愿望意味着属于SWIFT会员银行的SWIFT员工，他们不但准备好了安装研发的系统，同时也有在安装使用之后不断改进银行交易程序（包括重新设计、用SWIFT标准替换内部标准等）以进一步实现他们目标的动力。维萨没有像SWIFT那样的会员，它必须创造出一种能让消费者接受的账单表达方式，以改进清算和结算程序。SWIFT需要跟各国不情愿的邮政、电报及电信部门在价格上讨价还价，从国际条约及存在不同监管的角度上说，这证明是具有开拓性的，但这跟会员结构和组织管理关系不大。

当银行团结在SWIFT周围并支持它的研发的时候，维萨却被卷入因美国银行业存款业务部门和信用卡业务部门之间的文化差导致的纷争之中。SWIFT吸引的是在银行内具有更大发言权的存款业务部门，而维萨依靠的是将其视作投资伙伴而不是业务必需的信用卡业务部门。在历史学家大卫·斯特恩（David.Stearn）[27]眼里，这使维萨首席执行官狄伊·霍克（Dee Hock）及维萨管理层在说服银行投资开发新的系统而不是仅对目前系统修修补补时非常困难。虽然很多银行对当时的电子认证及结算还算满意，但霍克自己确有一个更远大的战略企图。这使之后维萨跟银行的关系充斥着不断的权力斗争，而维萨高层在权力斗争的过程中并不是很成功。双方的敌对也外溢到了SWIFT，比如，维萨的管理人员就曾对SWIFT的管理人员说：“你们是我们的孩子，你们逃不出我们的掌控。”以及“你们别想复制维萨！”[28]雅克·塞尔沃（曾任SWIFT临时首席执行官）回忆当时的情景时说：

我可以说SWIFT受到一些“维萨综合征”的困扰。银行觉得维萨企图脱离它们。维萨其实非常独立，它有自己的业务，不太考虑银行的利益，毫无疑问，当SWIFT成立后，维萨的银行说：“保持低调，伙计，在你们那一亩三分地干你们自己的买卖，别吱声。”美国的银行尤其如此，它们好像是着了魔似的认为SWIFT想要自己的命[29]。

维萨和SWIFT最显著的不同可能就是前者的用户有其他选择，而后者是市场上的核心基础设施。SWIFT被社会学家米歇尔·卡龙（Michel Callon）说成是“强制通行点”[30]（即如果你想参与金融服务行业，你就必须加入我们，因为你没有其他选择）。SWIFT作为可信赖第三方供应商的地位随时间的推移逐渐巩固，后来有些申请加入SWIFT的机构既想从其被广泛使用的系统服务中获得收益，也想炫耀SWIFT会员身份。这种情况是当初为提高支付效率及通过基础设施连接为金融机构创造更大价值的SWIFT没想到的。最主要的是监管部门也授权SWIFT将金融行业市场基础设施（支付业务系统、外汇业务系统及存款业务系统）全都连接起来，这就更能说明维萨和SWIFT的区别了。

SWIFT另外一个与众不同的地方是，它也是国际标准化组织（ISO）的授权代理注册机构（见本书第3章）。虽然维萨也在研发标准，但SWIFT拥有正式设置标准的系统。SWIFT在标准库中所起的作用是其业务运营不可分割的一部分，这为它的研发提供了创造性互补并培育了广泛的会员参与[31]。当银行将其连接及直通处理项目进一步延伸，SWIFT可以积累最好的操作记录并跟其会员分享这些记录。同时，它也通过每年的SWIFT国际银行业务研讨会支持会员参与其新产品及服务的研发（见本书第2章）。

总的来说，跟维萨相比，SWIFT早期发展是由团结一致和具有包容性的利益集团所主导的，这个利益集团拥有共同的目标，由竞争引起的紧张关系程度比较低并有自愿不断研发和使用标准化的动力。竞争和利益冲突使维萨的合作管理体系备受压力，而SWIFT确能保持其作为值得信任，对其会员及在更大的范围的金融行业内负责任的第三方供应商的地位。2006年，维萨放弃合作的机构组织形式并将其改制成了一个独立的和以营利为目的股份公司。虽然股份制目前不是SWIFT亟须考虑的问题，但最近发生的一些事情（我们接下来会具体介绍），将SWIFT卷入了国际事务领域，也由此产生了对它作为可信赖第三方供应商地位的争论。

数据保管与恐怖分子资金追踪计划

个人或机构使用通信服务一直是引起电信公司和情报机构关系紧张的原因[32]。作为金融服务领域通信中心的SWIFT也不能幸免。多年来，SWIFT一直坚守其受合约约束，确保通过其系统传送信息的保密性安全的第三方供应商的特点。但在20世纪90年代，SWIFT被卷入了确认及跟踪非法活动的争议之中。

莱昂纳德·施朗克说在他成为SWIFT首席执行官的1992年，他在第一波会议中有一次是跟反洗钱金融行动特别工作组（Financial Action Task Force，FATF）政策制定部门的亚历山大·卡尔（Alexander Karrer）开的[33]：

那时，他们关注的是涉及毒品的资金和洗钱，他们希望跟SWIFT合作来改进我们的系统标准，以便能让他们更容易地开展调查。他们不愿意找会员用户，只想跟我和董事会合作来收紧银行领域内的支付标准，他们说希望SWIFT跟他们合作。从那时起，我们就开始考虑原来从没想过的事情：政府部门的人可能需要我们的某些数据……要是那样SWIFT的数据不就公开了吗？我们能做什么？所以我们在1992年制定了一些原则来应对这种情况……那时没人能想到恐怖主义。

该工作组对SWIFT有兴趣是因为全球大量跨境金融交易信息经过SWIFT系统，他们想研究是否可以使用那些金融数据（SWIFT信息报文）来追踪违法活动。

在美国政府20世纪90年代初期出台了最初的政策之后，SWIFT和FATF讨论的过程中[34]，SWIFT一直坚持他们不能向第三方泄露信息报文内容（银行数据）并解释那些报文只在SWIFT系统中保留很短的时间。但不管怎么说，SWIFT还是决定对其原来没有具体发送者信息的报文模板进行修改以回应广泛的关注。随后，SWIFT在报文标准中增加了一个必填板块，要求报文发送者必须要在这个板块里提供他们的详细信息，没有提供这些信息的会导致SWIFT系统拒绝处理其发送要求。但除了增加发送者信息板块，SWIFT依然坚持其不参与涉及第三方诸如逃税及欺诈等调查的立场。这也表明，SWIFT决心将它说成是信息的投递者，而不是信息处理器。换句话说，政府如果需要了解银行信息，他们可以直接去找银行而不是来找SWIFT。同时，SWIFT通过它的广播电台将它的这个立场告诉了银行，并且通过宣传，SWIFT也告诉它的用户：SWIFT系统不应该用来从事非法活动。这个立场也被SWIFT在1993年写进其营运政策[35]。

莱昂纳德·施朗克将上述政策总结成："我们不接受传票。"[36]但这些年在SWIFT内部形成的SWIFT是一家私营机构的立场让它容易受到监管部门的注意。不管怎么说，"我们不接受传票"的立场即将受到国际事务分水岭事件的挑战。"9·11"恐怖袭击事件后，美国政府依据恐怖分子资金追踪计划（Terrorist Finance Tracking Program，TFTP）开展了多项调查以追踪资金流向[37]。没过多久，美国政府又找上门来并要求SWIFT跟他们合作。在SWIFT以它不能将银行信息披露给第三方为理由拒绝后，美国财政部向SWIFT发出了传票。

传票命令SWIFT允许美国财政部的调查人员查看信息报文以便他们能完成对报文内容的分析，美国财政部说这是反恐情报战略的一部分。但美国人的要求超出了SWIFT的接受限度（SWIFT已为如何应对政府的这种要求举行过多次彩排）。面对这种极端情况和从法律角度上讲可以强制执行的传票，

SWIFT法律团队选择了服从。考虑到对会员的法律责任及欧盟地区关于数据保护的法律，SWIFT跟美国财政部通过谈判签署了一份备忘录[38]。这份备忘录规定了美国财政部能够获取和使用SWIFT信息的限度，包括为具体调查目的提出的具体要求应具备的条件以及一个审计程序。但那时，美国政府通过强制法律手段从SWIFT获取恐怖主义嫌疑人资金信息，以及SWIFT参与美国恐怖分子资金追踪计划的细节都没有对外公布[39]。

2006年6月23日，《纽约时报》和美国其他几家报纸刊发了SWIFT向美国财政部泄露客户信息的报道[40]。虽然这些新闻报道就是想提醒公众：美国政府可以获得银行用户的信息，但它们却让SWIFT陷入了随之而来的银行用户隐私协议的争议之中。SWIFT随即立即承认它有在防止滥用金融系统方面跟政府合作的政策[41]。比利时数据隐私委员会（The Belgian Data Privacy Commission）及欧盟数据隐私咨询机构以及第29条工作组（Article 29 Working Party）随后也对SWIFT是如何按照美国政府传票要求提供信息开始了审查[42]。9月27日，比利时数据隐私委员会公布了其建议报告，其结论是SWIFT在遵守美国传票规定的同时没有完全遵守欧盟及比利时数据保护的相关法律[43]。11月23日，第29条工作组也公布了相似的但没有法律约束力的意见[44]。SWIFT强烈反对这些报告的结论，它说这些报告是在美国恐怖分子资金追踪计划被公布后仓促拼凑出来的，出具报告的机构对SWIFT的管理及营运方式并不十分了解[45]。

SWIFT的立场是：第一，美国传票对它有效，所以不存在是否需要服从的问题。第二，作为数据投递者而不是数据处理器，它没有违反欧盟相关数据保护法律。第三，它已经通过跟美国财政部的谈判尽力保护了用户信息。总之，SWIFT说它被夹在了不同法律可能的冲突中，处境困难。它敦促欧盟和美国达成一个能将这个问题说清楚的协议[46]。当时的SWIFT首席执行官拉萨罗·坎波斯说：

我们向用户解释了我们做了什么以及采取了什么限制性措施。我们实际上是在就一个非常严格和清楚的方案跟政府部门进行了谈判，过去没人做过这种事。我们保证只有那些跟进行中的反恐调查相关的信息才会被披露。这不是商业间谍行为，也不是为了调查逃税。我们实施了很多限制性措施并且把这些措施告诉了我们的用户[47]。

2007年初，SWIFT启动了3个具体的操作程序以应对在隐私争议中出现的数据处理挑战，这包括为SWIFT的美国业务申请安全港湾资质（Safe Harbor status）、增加用户合同的透明度以及为SWIFT国际信息报文设施开发另外一个替代系统[48]。获取"安全港湾"资质意味着申请者已经满足了美国商务部和欧盟关于为美国机构遵守欧盟隐私规定提供高效方式的要求，同时，SWIFT也遵守了欧盟隐私规定的相关要求[49]。那年，所有上面提到的3项工作均顺利完成[50]。特别值得一提的是，SWIFT决定将它全球信息报文基础设施分成两个数据区，一个负责欧洲的业务，由欧洲的业务中心管理；另外一个负责泛大西洋（全球）业务，由欧洲和美国的业务中心共同管理。这样，欧洲的报文就可以不在美国司法管辖范围以内。同样在2007年，美国财政部向欧盟理事会及欧盟委员会发出了一系列照会，详细解释了依据恐怖分子资金追踪计划并通过传票获得数据处理、使用及分享等方面的情况以加强管理及保护，同时，建议任命一位有影响的人士来监督这些方面的执行情况。欧盟理事会及欧盟委员会接受了这些照会[51]。

2008年3月，法国法官让-路易斯·布吕吉埃（Jean-Louis Bruguière）作为"有影响的人士"获得任命来审查由美国财政部根据传票获得的数据的处理、使用及分享程序是否符合要求[52]。在他公布其审查报告后，欧洲委员会于2009年2月发了一个声明[53]：

今天，负责法律、自由及安全的巴罗特（Barrot）副总裁向欧洲议会公民自由委员会提交了调查报告并声明："我高兴地确认美国财政部一直遵守着依据我们于2007年按照追踪恐怖主义组织资金照会内容跟他们达成的涉及确保私人信息安全的相关协议条款，并且值得关注的是，他们对反恐目的限度非常谨慎。美国恐怖主义组织资金追踪计划在反恐过程中作用巨大，特别是在欧洲。”

审查集中在恐怖分子资金追踪计划照会内容的核心部分，即SWIFT的信息报文只能用于反恐目的。美国财政部保证传票应只聚焦他们最关心的事情；在恐怖主义组织资金追踪计划数据库内搜索数据必须要有明确目的，并且应尽量减少从数据库内提取信息；应有确认如果某些数据在反恐中没有再被使用的需要时可以给予删除的合适方式；并且需要有必需的、实际存在的后勤系统以保证传票涉及数据的安全。

在这期间的2008年12月，比利时数据隐私委员会做出了对SWIFT有利的裁定；SWIFT已经采取了适当的步骤以遵守比利时的数据保护法[54]。在这个裁决形成前，SWIFT用了大量时间向委员会深入和全面解释了SWIFT系统及其合作组织架构的具体含义。第2个具有约束性的裁定非常清晰并且改变了前次这个委员会意见中的许多观点。

截至2010年2月，SWIFT已经完成了它在2007年同意建设的两个数据中心架构[55]。2010年11月30日，欧洲部长理事会（European Council of Ministers）同意了一个继续向美国传送欧洲数据的临时协议[56]。这个协议是在欧洲议会依据《里斯本条约》（Treaty of Lisbon）可能会在协议签署前介入此协议谈判之前1天签署的。但当这个临时协议于2011年2月被提交给欧洲议会寻求批准后，它被拒绝了[57]。这年的7月，美国和欧盟签署了一份修改过的欧盟—美国恐怖分子资金追踪计划（EU-US Terrorist Finance Tracking Program）协议[58]。这个新的协议包括了使用欧洲刑警组织（Europol）来审核和控制数据的传输，欧盟的一个代表被安排在美国来监督数据处理，禁止数据采掘或类似情况（这被认为是欧洲公民的补偿权）以及保留及删除数据的原则[59]。这个协议于2010年8月1日正式生效[60]。

作为在跨国多种司法管辖法案和政策形成过程中的积极参与者，SWIFT的角色从来没有对外界披露过，但即使如此，它对后来由其他机构操作的国际框架的贡献非常大。SWIFT成立之初，很多涉及国际交易责任和义务的事情不归已有的国家司法部门管辖，并且，它们也没有管辖能力。如果想让它的业务发展及完整性继续向前推进，SWIFT就必须与国际组织合作。过去全球行动计划一直对推广SWIFT服务有帮助，也使SWIFT可以实现它的更大目标[61]，但最近它参与的全球行动非常具有挑战性，这种参与已经导致了SWIFT与其会员之间的冲突，特别是在涉及SWIFT核心基础设施中立价值观以及用户信息保密的问题上。虽然在最高管理层争论恐怖分子资金追踪计划时，会员们已经提出很多意见，但最大的潜在破坏是SWIFT如何解决在他们不知道的情况下，报文被外部的某个机构解密之后保证其报文信息机密性的问题。除此之外，SWIFT欧洲地区的用户对他们的数据要接受美国的司法管辖非常气愤，因为欧洲跟美国的数据保护法律不一样。如果SWIFT想要回应这些担心和参与制定国际协议，它就需要付出极大的努力。

围绕着“9·11”的问题比较复杂，并且对地缘政治的承诺和社会政治经历深深地影响着全球安全的观点。虽然很多人对制止恐怖主义的任何战略持同情态度，但其他一些人需要SWIFT向他们郑重保证，它会依据国际监督的计划行动而不是暗地里跟美国政府合作。纵观它的历史，SWIFT一直在努力向外界宣传其机构中立的特点，并努力将SWIFT建成一个最受信任的第三方供应商。它也采取了相应的措施以保证在恐怖分子资金追踪计划框架内使用的数据有适当的监管程序。但即使这样，它的会员认为他们给予SWIFT的信任没有必要延伸到美国政府及其他的某个下属机构那里，即使它们跟SWIFT有严格的使用协议。

严格遵守恐怖分子资金追踪计划标志着SWIFT在业务设计、与会员的关系、全球战略及对未来远景的看法等方面有了重大改变。这种改变也在国际组织、商业新闻媒体及保护隐私权的活跃分子那引出很多范围更大的问题。适当的保守反恐计划秘密与坚持公民自由的平衡点在哪里？人们常常将恐怖分子资金追踪计划的情报价值等同于“二战”中在英国布莱切利公园

（Bletchley Park）实施的被历史学家说成是将第二次世界大战结束时间缩短了6个月的恩尼格玛（ENIGMA）密码破译计划[62]。但在布莱切利公园的情报人员知道他们截获及破译的信息报文来自已知的敌人，跟它相反，反恐的主角们分散在世界各地，他们的信息也跟其他人的信息混在一起。恐怖分子资金追踪计划的效率只有到秘密任务被解密时才能被确认（被媒体曝光的影响一直是饱受争论的一个话题）。在这期间，不管最后人们了解的恐怖主义组织资金追踪计划的效率是什么，我们可以公平地问：在互联网平台信息渠道以及社交网络的压力下，作为"吹哨人"和"公众自由的守护者"的新闻媒体的作用是什么？虽然要求透明听起来很高尚，但让我们引用一句社会人类学家玛丽莲·斯特拉森（Marilyn Strathern）曾经说过的话："在一个社交世界里，人们知道他们的不同利益在哪里……祈求仁慈或道德透明很容易显示出它专制的一面——将看不见的弄成能看见的是有罪的。"[63]用大白话说就是，在政府不停地使用紧急状态来为它使用任何数据管理方式进行辩解会走多远的问题上，我们必须谨慎。[64]不管怎么说，有一件事是肯定的：恐怖分子资金追踪计划制造了很多困难的问题，这些问题一直会是从业人员及学者研究的课题[65]。

地缘政治与伊朗金融机构被从SWIFT系统中移出

在另外一个SWIFT被卷进当今世界事务和管理它的全球机构时的例子中，我们将注意力转到最近由一个纽约的反对伊朗成为核国家联合组织（United Against Nuclear Iran，UANI）向SWIFT提出的将伊朗移出SWIFT系统的要求。根据这个组织网站的信息，这个组织于2008年由美国大使马克·华莱士（Mark D. Wallace）、已经过世的美国大使理查德·霍尔布鲁克（Richard Holbrooke）、前中央情报局局长吉姆·伍尔西（Jim Woolsey）及中东问题专家丹尼斯·罗斯（Dennis Ross）成立。依照这个组织阻止伊朗成为核国家的目标，它开展了被称为私有企业制裁的活动并向议会提交了立法建议[66]。2012年1月30日，通过向SWIFT递交信函的方式，反对伊朗成为核国家联合组织正式开始了将伊朗移出SWIFT系统，被称为"SWIFT战役"（SWIFT campaign）的活动[67]。

这封信函引用SWIFT2010年报的数字（这份年报显示SWIFT19家伊朗会员银行信息报文情况以及有25家伊朗机构被接入SWIFT系统）并声称，SWIFT全球信息报文系统已被伊朗政府用来资助它的核武器计划、资助恐怖主义活动以及提供残酷镇压本国人民所需的资金。反对伊朗成为核国家联合组织说，SWIFT在伊朗金融领域所起的作用已经违反了美国及欧盟的制裁法律，特别是美国的全面制裁伊朗（Comprehensive Iran Sanctions）法案和2010年通过的问责及撤资法案（Accountability and Divestment Act of 2010, CISADA）[68]。2012年2月2日，美国参议院银行委员会通过了一项涉及SWIFT的法案。这个法案规定，如果SWIFT继续向"SWIFT战役"名单上的伊朗金融机构提供信息报文服务，它将通过立法同意对SWIFT进行制裁[69]。

随即一些媒体出现了对SWIFT的批评，很多类似以下《华尔街日报》的摘录。它们说：

……这是伊朗迄今为止依然握有的全球金融最关键系统的通行证。SWIFT 年报显示，有19家伊朗银行和25家伊朗机构使用SWIFT系统。在2010年它们"发送了1 160 000份报文，收到1 105 000份报文"。SWIFT系统伊朗主要使用者包括伊朗国民银行（Banks Mellat）、伊朗赛帕银行（Sepah）、伊朗出口银行（Saderat）、伊朗邮政及伊朗中央银行，所有以上这些机构全被美国财政部认定是伊朗革命卫队的分支机构。它们要么帮助伊朗的核计划，要么支持恐怖主义。根据SWIFT自己的组织章程，任何机构如果可能对SWIFT的声誉、品牌或商誉产生负面影响，比如今后或现在的用户如果面临制裁，SWIFT有权将其移出SWIFT系统[70]。

SWIFT的反应是它在2012年2月2日发了一份新闻稿，这份新闻稿说

SWIFT的业务全部受到监管部门的监管，并且它遵守了所有的制裁规定：

SWIFT会继续保持它是中立的全球金融通信系统的特点，同时也会遵守所有SWIFT业务所在地国家制定的相关制裁法律，并且它也会帮助其他金融机构这么做[71]。

几天后，SWIFT向美国人做出了进一步的保证：它清楚参议院银行委员会提出的法案所涉及问题的严重性，它会坚定地支持阻止恐怖主义资金的全球斗争，它会跟美国政府、欧盟各国政府及10国集团成员国的中央银行共同努力，以找到一个能让SWIFT解决这个问题的法律机制[72]。2月17日，SWIFT宣布它已经准备好了实施任何由美国及欧盟同意的制裁措施[73]。

3月15日，欧盟理事会决定修改现有的对伊朗的制裁措施，增加了不许向确认了的伊朗机构提供金融信息报文服务的条款。之后，在3月23日，又出台了一项法规[74]。因为欧盟的法规对私有企业具有法律效力，而这项法规不允许专业金融信息报文服务商向名单上的伊朗机构提供服务[75]，SWIFT同意遵守并表示它会将被制裁的伊朗机构从系统中移出。当时的首席执行官拉萨罗·坎波斯说："将银行从系统中移出对SWIFT来说是个异乎寻常和从来没有过的举措。它是对伊朗进行金融制裁的国际和多国行动的直接结果。"[76]

这个将制裁的伊朗机构从SWIFT系统中移出的欧盟决议没有满足美国国会希望的将伊朗完全孤立起来的想法。2012年8月10日生效的美国降低伊朗威胁及叙利亚人权法案（US Iran Threat Reduction and Syria Human Rights Act）要求美国财政部向国会报告金融信息服务商，比如SWIFT是否在向伊朗提供服务，它授权（不是要求）美国总统依据问责及撤资法案可以对这些服务商进行制裁。如果被美国制裁的伊朗机构跟欧盟的基本一致，则这个法案就跟欧盟的制裁措施基本一致，但如果不一致，美国和欧盟在协调它们对伊朗的制裁政策方面就会存在一定程度的难度[77]。在评论这些事的时候，SWIFT时任首席执行官哥特弗雷德·莱布兰特说：

欧洲法案的结果是24家伊朗银行被从系统中移出。美国最近也通过了一个类似的法案，他们也要求我们把他们制裁名单上的伊朗银行移出金融报文系统。这对我们来说是一个类似分水岭的事件，因为我们一直坚持我们的设施像是互联网——我们将大家连接起来，我们从不偷听人家的谈话，银行自己需要了解它们能通过SWIFT系统发送什么样的报文并遵守制裁规定[78]。

在伊朗机构被移出SWIFT后的2012年3月，发生了两件事，使拒绝提供SWIFT服务被质疑成是“经济武器”。第一件是伊朗机构挑战其被欧盟放入制裁名单上的合法性[79]。第二件是伊朗银行及其他商业机构寻找其他转移资金途径的能力[80]。其他一个遗留问题是这个法案使用的连续性，比如其他服务商是否也会被要求采取类似的行动[81]。就像SWIFT法律顾问布莱奇·彼得（Blanche Petre）说的：“对我们来说，拒绝他人使用SWIFT服务不仅是经济工具，同时也是政治工具。另外，为制裁目的重复使用SWIFT（这会让SWIFT失去它的中立性，人为制造碎片化等）的风险不应被低估[82]。

在研究SWIFT的管理方式时，“中立”这个词经常有创造公平竞争环境的意思。虽然有些具体金融机构不能成为SWIFT的会员，申请会员的标准是公开的并且每个会员申请都要经过委员会审核。董事会组成也是按照一个标准公式计算出来的，并保证其具有代表性。这就是SWIFT董事会主席雅瓦尔·沙赫（Yawar Shah）说的“中立是写在SWIFT DNA里的”。但我们发现了跟中立不同的一些东西，其中一个跟现阶段的全球化紧密相连，在当前的全球化过程中，风险、指责及责任是通过更复杂的方式表现的。谁应该为伊朗发展核武器负责？信息报文基础设施在法规和国家政治规划中的角色是什么[83]？

被认为是对金融业务完整性至关重要的全球性组织的SWIFT再也不能像过去似的延续其绅士银行家的高贵，目前它每时每刻都要面对复杂及没有任何预警的危险[84]。这些风险对SWIFT目前的会员、机构形式及管理架构形成了挑战。SWIFT为国际支付服务提供关键支持，从这一点上说，保护它业务角色及核心基础设施的完整性符合各国政府的利益。过去经常的行业内讨论一般都是关于SWIFT是否能够适应金融服务行业不断变化的需求，但最近人们公开提出了一个问题：SWIFT一旦被卷入制裁行动，它是否能保持政治诚实性。商业机构是否希望跟广泛的风险、收益或具体政治操作有瓜葛？没完没了地使用制裁方式，可能会引起某种商业担心，这会导致会员放弃会员资格以防被卷进地缘政治的“漩涡”。这会让他们在国际商务中丧失战略机会。

2012年，前SWIFT首席执行官拉萨罗·坎波斯表达了他对在这个非常有压力、有意思的时刻之后会发生什么事情的看法：

全球性组织正在死亡。我想美国的一些长臂管辖法案和在欧洲增加的类似的法案，让全球性商业组织基本不可能再“全球”下去。因为我们已经沦为政客们的工具。所以我想这可能是全球性组织结束前的最后时光。这不光是指金融服务业，各行各业都包括……可能全球性的公司将会消失以便给另外某个架构，比如互联网什么的让路。在那上面你会有相互并存的本地架构，或有一条通过域名协议跟提供路径的、按照指定时间结清头寸（Designated-time Net Settlement，DNS）的系统连接的线路，就是本地机构相互间有它们自己的连接方式。这可能是今后的情形。我想全球机构今后想要继续向它所在的行业提供有价值的服务会比较困难，因为这些服务会被滥用[85]。

制裁改变了SWIFT的价值内涵，这种改变可能也会导致SWIFT经营使命本质以及跟它相关的信任、股东对管理的看法、战略选项以及支撑这些的商业模式的改变。

20世纪90年代初，在一次SWIFT年度国际银行业务研讨会的演讲中，当时SWIFT的首席执行官莱昂纳德·施朗克说他会让增加会员机构使用SWIFT服务更大折扣率成为业绩考量的一个指标。他的目标就是通过提升服务质量，让用户认可SWIFT的可靠性以及改进机构管理[86]。

1996年，他宣布SWIFT今后要从最初只提供支付信息报文服务的“最小公分母设施”向一个更加广阔的管理及降低风险、重塑银行后台业务及帮助21世纪的银行发展其战略的重点目标转变[87]。SWIFT已经开始参与了一些这个领域具有深远意义的项目（比如持续连接结算系统（Continuous Linked Settlement，CLS）、证券标准、IP网络技术、基础设施连接以及贸易服务等）。虽然这些项目本身就具有挑战性，特别是从改变世界的互联网角度来说，但它们确是千载难逢的时代机遇[88]。对历史的反思时刻提醒着我们，伴随着在这些领域内取得的进步，提高了的管理和降低风险的复杂程度应该作为优先考虑的问题，这种考虑不但应该包括对行业内业务及市场风险的计算，同时也包括对范围更大的动态政治环境的评估。虽然这些风险会在多大程度上影响SWIFT自身的特征及其作为全球性组织的战略现在还不清楚，但它的管理层已经充分意识到了这些严重的挑战，正像拉萨罗·坎波斯说的：

一方面，西方国家希望东方国家加入我们的系统，但它们会在使用我们系统的同时滥用我们的系统以达到它们自己的地缘政治目的……我们必须做出选择。要么你是一个有着全球野心的西方公司，要么你是东方的公司，或者你哪一个都不是。但如果你哪一个都不是，你就不能算是全球性的公司了。

正像我们在第1章里介绍的，SWIFT获取关键用户群和在全球推广其报文服务是通过使用外交方式应对政治问题的方式实现的。的确，合作与竞争的操作方式意味着长时间的政治参与。除了初创期阶段，SWIFT管理层的构成一直带有多元化的特点。它的许多会员也会因为所处地位、关系或对SWIFT服务依赖程度不同，对问题有不同的看法。这些问题包括标准管理机构问题、成为国际标准化组织代理机构问题、具有活力责任的全球网络系统问题、创新项目召集人问题、国际银行业务研讨会组织者问题以及受到监管的基础设施问题。确实，就像SWIFT成立40周年纪念会中的一份建议所说的：SWIFT其实就是一个万花筒，这个组织内存在着大量不同的态度和观点。

多年来，虽然面对碎片化的指责，SWIFT还是一直尽力保持其政策的连续性并且开展了它是世界上最值得信赖的第三方服务供应商的宏大叙事。但制裁不但让这些说辞面临着巨大的挑战，同时也让SWIFT自身的合作性特点在新的条件下承受着巨大的压力，而这种压力才刚刚开始。虽然制裁引起了会员们的担心，但我们也应该注意到谈判过程以及谈判创造的新的环境也为SWIFT提供了创新动力和机会，比如，SWIFT已经对进一步开发涉及认证方式的新产品和服务以及制裁筛查项目产生了兴趣。

社会学家约翰·劳（John Law）曾经说过："有失就会有得，放弃原来企图掌控全局的宏大说辞并不意味着丧失了严密性，相反，它向人们提供了从不同的角度认识事务的机会。"[89]虽然从不同立场或角度分析SWIFT的多重性本质会得出不同的结论（万花筒、草根或是谜团），但有一点是一致的，即SWIFT服务本身以及它目前与之纠缠的那些问题对重塑下个阶段的全球化历史具有重大意义。对此，哥特弗雷德·莱布兰特总结说：

我们正在进入一个困难的世界，从本质上说，制裁具有分裂性，而我们的目标是向世界提供服务。我们并不孤独，因为很多全球性银行也面临着同样的问题。如果联合国也支持制裁，不包括俄罗斯和中国……而不单单是欧美国家，事情可能还能简单一些……如果制裁范围是有限度的，其影响应该不会太大。但如果SWIFT成了制裁许多国家的工具选项，那我们觉得自己就走上了一条跟全球银行服务系统背道而驰的道路。[90]

全球化、半全球化与地缘政治

经济学家罗伯特·默顿（Robert Merton）曾经说过，金融系统的基本功能就是在一个不确定的环境中在时间和空间之内配置经济资源[91]。我们上面的讨论显示，制定在不确定的时间管理风险战略的紧迫性正在增加。伴随着全球化进程，我们都被卷入一个更加复杂的关系中。我们过去知道通信技术的发展将我们的世界概念变成了地球村的概念，即社会学家所称的"全球性"的概念[92]，但这并不意味着我们生活的这个世界没有差别。有意思的是，从开始的多国合作组织到国际网络系统，再逐渐发展到全球服务的固化机构，SWIFT的历史从它成立的那天起就跟全球化的发展史紧密相伴。

很多将SWIFT说成仅仅是金融领域基础管路系统的介绍似乎忽略了它所处位置的一些细节。如果要想证明SWIFT是一个战略性的存在，我们就得先想想我们这么说的确切含义是什么。如果我们将战略定义为计划或提前想好了的计算，那么SWIFT的历史告诉我们它远远超出了它的初创者们的任何正式的计划。就像在20世纪70年代参与SWIFT初期范围研发的艾莱克·那卡穆里（Alec Nacamuli）说的[93]：当他知道他每天最多30万份报文的预测被打破了（目前报文数量是每天2 000万份）时[94]，他兴奋异常。只考虑眼前的问题和推销一个全球性系统所面临的挑战，让SWIFT的创建者不可能预见之后40年由这个系统产生的效果，也不会想到当他们的信息标准团队开始聚在一起并制订培训计划时，SWIFT的开发引导作用会让它的信息标准这么广泛地被植入市场业务。

为理解SWIFT在今后市场上的地位，我们就需要先思考一下金融全球化的情况。不同国家为支持本国银行业务国际化，都处在需要将自己的银行改造得跟其他国家的银行一样的压力之下，但同时，这些国家又不停地强调自己的特殊性（这就是事务的两面性）[95]。这就跟原来的世界会因全球化被拉平，即国家之间的差异将被单一化的世界所取代的全球化预测相抵触[96]。通过全球金融服务的帮助并辅以更加自由的跨国贸易及投资，国际商业总量一直在增加。虽然各国市场已被国际品牌渗透，我们至今还没有看到一个“麦当劳化”的世界[97]。人们说金融全球化对行业产生了一些特殊的压力，促使一些企业按照同意了的规则和管理方式操作业务，但各国政策制定者依然按照他们的国情以及他们认可的方式管理着本国经济[98]。

SWIFT对建立国际规则和法律框架作出过贡献，同时，它也是标准和从业人员最佳操作记录的储存库。因此，它在使各国金融机构及业务操作逐渐趋同的过程中扮演着重要角色。从一开始，SWIFT就在世界许多国家建立了办事机构，通过各种方式将分布在全球各地的业务代表和用户群串联起来，

SWIFT创造了一个新的国际商业管理模式：全球本地化（glocal）[99]。虽然积累了很多管理国际组织方面的经验，拉萨罗·坎波斯说21世纪促使我们必须重新思考“本地”的定义[100]。地区化正在出现。2007年，正在担任SWIFT首席执行官的拉萨罗·坎波斯对一份行业媒体说：

我会将所有可能被地区化的东西地区化……我不想让任何客户在等待总部指示上浪费时间。我正在尽力把能做决定的人放在用户旁边。这么做，我希望每个地区的SWIFT员工在告诉我们他们所在地区用户真正的需求是什么的时候会更加积极和有效率，即将发展SWIFT全球解决方案跟各个地区的偏好很好地结合起来[101]。

这跟目前学术界关于“半全球化”的讨论相契合[102]。比如，在研究了相关数据后，潘卡吉·盖马沃特（Pankaj Ghemawat，战略学者）建议跨国企业应该按照不同国家的具体情况（文化、管理方式、地理位置、经济状况等）制定不同的市场进入及发展战略，以及将不同经济区聚拢在一起。当然，作为国际报文标准的研发者，SWIFT非常了解的一个事实是：商人们有高估不同国家相互融合程度的倾向。

哥特弗雷德·莱布兰特在2011思考半全球化的问题时说：

半全球化走得还不够远，还没有达到让SWIFT在这个基础上开发产品和服务的程度，我们发现很多关于地理区域的假设均来自西方国家。比如亚洲，就不是一个区域，它是由那里的几个想一起努力共事的很大的国家主宰着的地方。如果这些大国想建立彼此的连接，它们是自己开发还是使用我们SWIFT的？对我们而言，我们下一步的计划是参与这些地区性的活动。我们是合作性质的组织，可以为他们在桌子周围加把椅子。我们不是西方公司去东方发展。我们是全球性的公司。如果我们去印度，那我们就是印度公司。这一直是我们的经营哲学。我们正在思考如何实现这一目标。

目前，国际事务中的地缘政治及董事会代表的变化会在多大程度上改变SWIFT的政策重心还不清楚。显然，这将取决于支撑今后战略选项的价值基础。SWIFT已为寻找有特色的产品及服务投入了大量人力和物力，希望将现阶段全球化过程中特有的冲突和摩擦转变成其下阶段发展的机会。比如，它正在努力利用其金融服务行业基础设施核心的地位，通过研发用一条线、一个接口和标准化就可以完成业务操作的方式，帮助用户将他们必须操作的系统的多重化问题程度降至最低，即“我连接了SWIFT，SWIFT给了我一个世界……使用SWIFT不但让我获得了地区市场，同时也让我获得了全球市场”[104]。

小 结

在本章里，我们介绍了一些“有趣的事件”以探讨一个关于SWIFT的提法：SWIFT的发展史及其机构演进史是跟全球化的历史紧密相连的。在20世纪70年代，当时的主要技术挑战是设计、发展和推广一个可以在全球使用的私营通信服务系统。SWIFT因此也面临着来自政府邮政、电报及电信部门试图强行收取高昂租借费用的体制性挑战。SWIFT同这些政府部门的谈判代表了许多系统行业企业都经历过的困难经历，这些企业都在努力推广其技术使用以发展公司业务，同时，又都在尽力保持对新兴市场价值中心的掌控。恐怖主义组织资金追踪计划和不让伊朗成为核国家运动力图将伊朗从SWIFT系统中移出的要求突出地显示着风险、指责和责任在现阶段全球化进程中的复杂分布程度。在我们的讨论中，我们向读者展示了目前围绕国际组织问题的复杂性，同时也介绍了这类组织，比如SWIFT在这种复杂局面中试图重新定义自己的方式。

Notes

1 Andrew Copon and Jacqueline S. Gold, “Accelerating SWIFT”, *Institutional Investor,* 35 (9) (2001): 141–4.

2 Examples of industry commentary on Heidi Miller’s speech can be found in

Chris Skinner, "Does SWIFT have a future?" *The Banker,* 1 September 2005; Frances Maguire, "Transformation is key", *The Banker,* 1 September 2005; Dan Barnes, "Is Swift living in the past?" *The Banker,* 1 October 2006.

3 There are alternatives to SWIFT (for example, IdenTrust, BT Radianz, and BT SettleNET) but they tend to operate in niche areas and do not have equivalent critical mass or global usage. More generally, the "Internet" is positioned as a potential competitor. However, while Lenny Schrank told journalists in 2001: "I can see a dozen scenarios that have us going out of business by 2010. I really worry about the future of SWIFT" (Copon and Gold, "Accelerating SWIFT") by 2006, Lenny Schrank's assessment appeared to have shifted: "The internet is a stick with which to beat SWIFT rather than serious competition" ("Prospect of new boss gives SWIFT chance to accelerate" *The Banker,* 1 August 2005). One of the fundamental key differentiators between SWIFT and sending a message via the internet is that SWIFT accepts liability (see note 7 in the Introduction to this book).

4 Andrew Douglas (interviewed by Susan Scott and Markos Zachariadis [in person], London, 30 January 2012).

5 Lázaro Campos, "Swift answer to the detractors", *The Banker,* 1 September 2008.

6 "Swift–Q&A–Gottfried Leibbrandt", *The Banker,* 1 October 2012 (see also Chapter 2).

7 Bessel Kok (interviewed by Susan Scott [in person], Prague, 24 April 2012).

8 According to the calculations that SWIFT presents in the EU complaint based on a 100 percent operational network (350 000 messages per day), the tariff proposed by SWIFT at 60 percent of a flat tariff plus a variable charge based on message volume resulted in an aggregate increment of 435 percent over the flat tariff (or 5.35x), ranging from 1.9x for Belgium to 21.99x for Great Britain. While SWIFT had estimated a cost of 0.70 Belgian francs per message, the tariff imposed a cost of 1.55 Belgian francs per intra–Europe message and 8.40 Belgian francs per trans–Atlantic message.

9 Notes about the history of SITA can be found on the SITA website (www.sita.aero/about–sita/what–we–do/sita–history).

10 Bessel Kok (interviewed by Susan Scott [in person], Prague, 24 April 2012).

11 The complaint is addressed to Monsieur E. Noël at the Secrétaire General de la Commission des Communautés Européennes from Bessel Kok (Finance Director) and Charles Reuterskiöd (General Manager). It cites the following PPTs assembled under the auspices of CEPT: La Régie des Télégraphes et des Téléphones (Belgique); Generaldirektoratet for Post–og Telegrafveesenet (Ministeriet for Offentlige Arbejden) (Danemark); Le Ministère des Postes et Télécommunications, Direction Générale des Télécommunications (France); Die Deutsche Bundespost (Der Bundesminister für das Post–und Fernmeldewesen) (République Fédérale Allemande); Ministero Poste e Telecommunicazioni (Italie); L'Administration des Poste et Télécommunications du Grand Duché de Luxembourg (G.D. de Luxembourg); Staats–bedriif der Posterijen Telegrafie en Telefonie (Pays–Bas); The British Post Office (Grande Bretagne); Das Bundesministorium für Verkehr, Generaldirektion für die Post–und Telegraphenverwaltung (Autriche); Ministère des Poste, Télégraphes et Téléphones de Finlande (Finlande); Televerkets Contralfövaltning (Suède); Direction Générale des Telecommunications de Norvège (Norvège); Entreprise des Poste, Téléphones et Télégraphes Suisses (Suisse). It begins by stating: "Nous avons l'honneur de presenter ὰ l'article 3, para. 2, b) du Règlement n 17 du 6 février 1962, une demande ὰ l'effet de faire constater par la Commission une infraction aux dispositions des articles 85 et 86 du Traité de Rome" ("SWIFT/PTT," accessed from the SWIFT legal archive, La Hulpe, Belgium).

12 See Faculty of Law, Centre de Recherche Information, Droit et Société, Université de Namur, Droit Européen et Droit Supranational, *Communications Law,* 170–1 (alexandrie.droit.fundp.ac.be/GEIDEFile/6776.pdf?Archive=193977991115&File=6776_pdf); Eli Noam, *Telecommunications in Europe* (New York: Oxford University Press, 1992);

William James Adams, ed., *Singular Europe: Economy and Polity of the European Community after 1992* (Ann Arbor, MI: University of Michigan Press, 1992); Thomas J. Ramsay, "Europe responds to the challenge of the new information technologies: a teleinformatics strategy for the 1980s", *Cornell International Law Journal,* 14 (1981): 237–285; Joseph P. Markoski, "Telecommunications regulations as barriers to the transborder flow of information", *Cornell International Law Journal,* 14 (1981): 287–331.

13 Bessel Kok (interviewed by Susan Scott [in person], Prague, 24 April 2012).

14 "The European Commission's growing role in telecommunications followed two paths that can easily be at tension with each other: antimonopoly policy and industrial policy. The antimonopoly actions, in addition to the repeatedly mentioned British telex case, which involved the abuse of BT's dominant position by imposing restrictions on telex message–forwarding agencies, also soon included challenges to the following: the Bundespost's intent to extend its monopoly to cordless telephones; the extension of the Luxembourg broadcaster to telemarketing into neighbouring markets; the Bundespost's exclusive marketing and ownership of computer modems; the extension of the Belgian RTT monopoly to include medium–sized PBXs; excessively long–term leasing contracts for telephone equipment; and IBM's extension of its Systems Network Architecture for interconnecting computers and other equipment (requiring it to publish formats and protocols)... the PTTs' joint Managed Data Network Services project, and the price cartel in international telephone rates and in leased line tariff principles. An example of the E.C.'s successful action involved the pricing of international lines leased to SWIFT, the international interbank electronic transfer network. CEPT had repeatedly changed the rules applied to SWIFT with the aim of recouping revenue lost to telex service. SWIFT, not a meek organization itself, lodged a complaint with the commission charging a price cartel and abuse of individual and collective dominance. Negotiations then took place that ultimately resulted in the lowering of its rates" (Eli Noam, *Telecommunications in Europe* : 305–6).

15 Ramsay, "Europe responds". Ramsey cites Commission of the European Communities, *Community Policy for Data-Processing,* Doc. COM (75) 467 final 2 (1975).

16 Lάzaro Campos (interviewed by Susan Scott and Markos Zachariadis [in person], La Hulpe, Belgium, 17 February 2012).

17 Official Journal of the European Commission, 97/C 335/03, Case No. IV/36.120–La Poste/SWIFT + GUF, 6 November, 1997.

18 SWIFT has made several attempts to produce a universal definition of a bank "without success... the concept of compliance with local laws and regulations" was therefore introduced which makes them reliant on input from National User Groups (personal email communication with Blanche Petre, 22 December 2013).

19 Brigit Gavin, *The European Union and Globalisation: Towards Global Democratic Governance* (Cheltenham and Northampton, MA: Edward Elgar, 2001): 132–3; see also Takis Tridimas, "Community agencies, competition law, and ECSB initiatives on securities clearing and settlement", in *Yearbook of European Law 2009* (28) eds Piet Eeckhout and Takis Tridimas (Oxford: Clarendon Press, 2010): 216–307, 299.

20 European Commission, *Report on Competition Policy* (1997): 26.

21 Ibid.

22 *Official Journal of the European Commission,* 97/C 335/03, case no. IV/36.120–La Poste/SWIFT + GUF, 6 November 1997.

23 "The evolution of global payments", *Dialogue Magazine* (SWIFT Publication, 2005) Q2: 20. The material in this section updates the content in our earlier journal article: Susan V. Scott and Markos Zachariadis, "Origins and development of SWIFT, 1973–2009", *Business History,* 52, (3) (2012): 462–83.

24 Details on the history of Visa are from David L. Stearns, *Electronic Value Exchange: Origins of the Visa Electronic Payment System* (London: Springer– Verlag, 2011). We are grateful to David Stearns for his comments

on a draft of Scott and Zachariadis, "Origins and development" written for a special issue of *Business History* on not-for-profit financial institutions.

25 Todd R. LaPorte and Paula M. Consolini, "Working in practice but not in theory: theoretical challenges of 'high-reliability organizations'", *Journal of Public Administration Research and Theory,* 1, (1) (1991): 19–48.

26 Stearns, *Electronic Value Exchange* .

27 Ibid.

28 Such comments were noted by both Bessel Kok and Alec Nacamuli in our interviews.

29 Jacques Cerveau (interviewed by Susan Scott [in person], Paris, 13 February 2012).

30 Michel Callon, "Elements of a sociology of translation: domestication of the scallops and the fishermen of St Brieuc Bay", in *Power, Action and Belief: A New Sociology of Knowledge?* ed. John Law (London: Routledge, 1986): 196–233.

31 Jean Lave and Etienne Wenger, *Situated Learning: Legitimate Peripheral Participation* (Cambridge: University of Cambridge Press, 1991).

32 See Whitfield Diffie and Susan Landau, *Privacy on the Line* (Boston, MA: MIT Press, 2010).

33 "The Financial Action Task Force (FATF) is an inter–governmental body established in 1989 by the Ministers of its Member jurisdictions. The objectives of the FATF are to set standards and promote effective implementation of legal, regulatory and operational measures for combating money laundering, terrorist financing and other related threats to the integrity of the international financial system. The FATF is therefore a 'policy–making body' which works to generate the necessary political will to bring about national legislative and regulatory reforms in these areas" (see http://www.fatf–gafi.org/pages/ aboutus/).

34 Details in this paragraph are from a personal email communication with Blanche Petre, 26 May 2013.

35 SWIFT archive, broadcast no. S1665, 30 July 1992: "Urgent. S.W.I.F.T. notifi–cation, general from: Chairman of the Board. S.W.I.F.T. S.C. Money Laundering Financial Action Task Force. As you will know many countries are involved in initiatives to prevent the utilisation of the banking system and financial institutions for the purpose of money laundering. They are also considering additional preventative efforts in this field. S.W.I.F.T. has now been asked by, and agreed, with the inter–governmental money laundering Financial Action Task Force to give following notice to all S.W.I.F.T. users and we would request you to follow this advice. Ensure when you send MT 100 messages that: (A) Field 50 is completed with the name and address of the ordering customer or, when this is not possible, the account number, and (B) Field 59 is completed with the name, address and, where possible, the account number of the beneficiary customer. Eric C. Chilton. Chairman of the Board, S.W.I.F.T. S.C." This was subsequently followed up by a memo dated 30 October 1992 from CEO, Lenny Schrank to board members, national group chairpersons, and user group chairpersons asking them to ensure that "appropriate executives" in banks were "made aware of this important matter". The FATF company policy was documented in SWIFT board paper BP568 and approved at 106th board meeting held on 17/18 March 1993.

36 A subpoena is a mandatory request, with penalties for non–compliance, in the form of a writ or order from an authority (such as a court or government authority) for someone (or a company representative) to either appear in person and/or to provide data, documents, or information to that authority (see *Black's Law Dictionary* for further details). The quotation by Lenny Schrank is from our interview with him [in person] in La Hulpe, Belgium, 19 April 2012.

37 Information about the Terrorist Finance Tracking Program is available on the website of the US Treasury (US Department of the Treasury, Resource Center–Terrorist Finance Tracking Program, www.treasury.gov/resource–center/terroristillicit– finance/Terrorist–Finance–Tracking/Pages/tftp.aspx)

and on the website of the European Commission Home Affairs, Terrorist Finance Tracking Programme (ec.europa.eu/dgs/home–affairs/what–we–do/policies/crisis–and–terrorism/tftp/ index_en.htm).

38 SWIFT, private internal MOU .

39 As the dialogue with the FATF shows, SWIFT has had a longstanding commitment to working with authorities such as central banks, treasury departments, law enforcement agencies, and international organizations to combat the use of the financial system for illegal activities balanced with its position to protect data confidentiality. On their website, SWIFT states: "Given its importance in the financial community, SWIFT cooperates in good faith with authorities in the fight against illegal activities...Users are urged to take all reasonable steps to prevent any misuse of the SWIFT system...The conditions under which SWIFT complies with requests from authorities to produce data and informs its customers are set forth in the SWIFT Data Retrieval Policy...Due to the confidential nature of the contacts with authorities and due to non–disclosure or other legal requirements, SWIFT does not comment on them" (http://www.swift.com/ about_swift/legal/fighting_illegal_financial_activities?rdct=t).

40 Eric Lichtblau and James Risen, "Bank data is sifted by US in secret to block terror", *The New York Times,* 23 June 2006; Glenn R. Simpson, "US Treasury tracks financial data in secret program", *The Wall Street Journal,* 23 June 2006; Josh Meyer and Greg Miller, "Secret US program tracks global bank transfers", *The Los Angeles Times,* 23 June 2006; Barton Gellman, Paul Blustein, and Dafna Linzer, "Bank records secretly tapped", *Washington Post,* 23 June 2006.

41 SWIFT press release, 23 June 2006.

42 SWIFT press release, 25 August 2006.

43 Belgian Privacy Commission advisory opinion, 27 September 2006 (www.privacycommission.be/sites/privacycommission/files/documents/avis_37_2006_0.pdf).

44 Article 29, Working Party press release, 23 November 2006 (hec.europa.eu/ justice/ policies/privacy/news/docs/PR_Swift_Affair_23_11_06_en.pdf).

45 Personal email communication with Blanche Petre, 12 May 2013.

46 SWIFT press releases, 28 September, 4 October, 8 October, and 16 November 2006.

47 Barnes, "Is SWIFT living in the past?"

48 SWIFT press releases, 29 March and 15 June 2007.

49 Information is available on the website of the US Department of Commerce (US Department of Commerce, Welcome to the U.S.–EU Safe Harbor, export. gov/ safeharbor/eu/eg_main_018365.asp).

50 SWIFT press releases, 15 June, 20 July, and 4 October 2007.

51 *Official Journal of the European Union,* C166, Vol. 50, 20 July 2007, Notices 2007/C 166/08–11.

52 SWIFT press release, 11 March 2008.

53 Europa press release, 17 February 2009 (europa.eu/rapid/press–release_IP–09–264_en.htm#fnB1).

54 SWIFT press release, 10 December 2008; see Belgian Privacy Commission decision, 9 December 2008 (www.privacycommission.be/sites/ privacycommission/ files/documents/swift_decision_en_09_12_2008.pdf).

55 SWIFT press release, 11 February 2010.

56 Simon Taylor, "EU agrees new bank data deal with the US", *European Voice,* 11 November 2010 (www.europeanvoice.com/article/2009/11/eu–agrees–newbank– data–deal–with–us/66563.aspx); Council Document 16110/2009 (eurocrim. jura.uni–tuebingen.de/cms/en/doc/1159.pdf); see also Eurocrim–Database, "Agreement between the European Union and the United States of America on the processing and transfer of Financial Messaging Data from the European Union to the United States for the purposes of the Terrorist Finance Tracking Program" (eurocrim.jura.uni–tuebingen.de/cms/en/ vorgang/219/).

57 European Parliament press release, "SWIFT: European Parliament votes

down agreement with the US", 11 February 2010 (www.europarl.europa. eu/sides/ getDoc.do?language=en&type=IM–PRESS&reference=2010020 9IPR68674,3); James Kanter, "Europe rejects US deal on bank data", *The New York Times,* 11 February 2010.

58 SWIFT press release, 8 July 2010; see also *Official Journal of the European Union,* L195, Vol. 53, 27 July 2010.

59 European Parliament press release, "Parliament examines SWIFT Ⅱ agreement", 2 July 2010 (www.europarl.europa.eu/sides/getDoc.do? language=en&type=IMPRESS& reference=20100205BKG68527).

60 The agreement can be accessed on the website of the US Treasury (www. treasury. gov/resource–center/terrorist–illicit–finance/Terrorist–Finance–Tracking/ Documents/Final–TFTP–Agreement–Signed.pdf) and on the website of the European Commission Home Affairs on the Terrorist Finance Tracking Program (TFTP) (eur–lex.europa.eu/LexUriServ/LexUriServ. do?uri=OJ:L:2010:195:000 5:0014:EN:PDF).

61 For example, SWIFT found itself a key contributor to UNCITRAL (United Nations Commission on International Trade Law). In particular, SWIFT rules were referred to in the formulation of UNCITRAL model law on international credit transfer.

62 For a recent analysis of this intelligence operation, see Christopher Grey, *Decoding Organization: Bletchley Park, Codebreaking and Organization Studies* (Cambridge: Cambridge University Press, 2012).

63 Marilyn Strathern "The tyranny of transparency", *British Educational Research Journal,* 26, (3) (2000): 309–21.

64 See Richard A. Posner, *Not a Suicide Pact: The Constitution in a Time of National Emergency* (Oxford: Oxford University Press, 2006).

65 Further comment and analysis can be found in John R. Crook, "EU Parliament approves revised United States–European Union SWIFT agreement", *The American Journal of International Law,* 104, (4) (2010): 659–61; Marieke de Goede, "The SWIFT affair and the global politics of

European security", *JCMS: Journal of Common Market Studies,* 50 (2) (2012): 214–30; Gloria González Fuster, Paul De Hert, and Serge Gutwirth, "SWIFT and the vulnerability of transatlantic data transfers", *International Review of Law, Computers and Technology,* 22, (1–2) (2008): 191–202; Erwin Jacobs, "SWIFT privacy: data processor becomes data controller", *Journal of Internet Banking and Commerce,* 12 (1) (2007): 1–5; Christian Kaunert, Sarah Leonard, and Alex MacKenzie, "The social construction of an EU interest in counter–terrorism: US influence and internal struggles in the cases of PNR and SWIFT", *European Security,* 21, (4) (2012): 474–496; Sylvia Kierkegaard, "US war on terror: EU SWIFT(ly) signs blank cheque on EU data", *Computer Law and Security Review,* 27, (5) (2011): 451–464; Joerg Monar, "The rejection of the EU–US SWIFT Interim Agreement by the European Parliament: a historic vote and its implications", *European Foreign Affairs Review,* 15 (2010): 143–151; Ariadna Ripoll Servent and Alex MacKenzie, "Is the EP still a data protection champion? The case of SWIFT", *Perspectives on European Politics and Society,* 12, (4) (2011): 390–406; Ariadna Ripoll Servent and Alex MacKenzie, "The European Parliament as a 'norm taker'? EU–US relations after the SWIFT agreement", *European Foreign Affairs Review,* 17 (2/1) (2012): 71–86; Mara Wesseling, Marieke de Goede, and Louise Amoore, "Data wars beyond surveillance", *Journal of Cultural Economy,* 5, (1) (2012): 49–66.

66 United Against Nuclear Iran, mission statement (www.unitedagainstnucleariran.com/about/mission).

67 Details of the United Against Nuclear Iran Swift Campaign can be found at http://www.unitedagainstnucleariran.com/swift . The letter to Yawar Shah (Chairman of the Board of Directors) dated 30 January 2012 was copied to 115 other recipients including SWIFT executives, governors of central banks, settlement organizations, international financial organization (OECD, IMF, etc.), banking authorities, US Senators, US Representatives, and US Congressional committee members (e.g. Homeland Security, Foreign Relations, Foreign Affairs, Armed Services) (http://

www.unitedagainstnucleariran.com/sites/ default/files/IBR%20Correspondence/ UANI_Letter_to_SWIFT_013012.pdf). The second letter to Board Members dated 31 January 2012 can be found at http://unitedagainstnucleariran.com/ sites/default/files/IBR%20 Correspondence/UANI_Letter_to_SWIFT_Board-Members_013112.pdf . The letter was addressed to Stephen Zimmerman (UBS AG) and copied to 46 other recipients including SWIFT executives, payments executives at major banks, representatives from other financial services institutions (e.g. Clearstream), US Senators, US Representatives, and US Congressional committee members (e.g. Homeland Security, Foreign Relations, Foreign Affairs, Armed Services).

68 See US Department of the Treasury, CISADA: "The New US Sanctions on Iran" (www.treasury.gov/resource-center/sanctions/Programs/Documents/ CISADA_ english.pdf); more generally, US Department of the Treasury, Resource Center-Iran Sanctions (www.treasury.gov/resource-center/ sanctions/Programs/Pages/ iran.aspx).

69 US Senate Committee on Banking, Housing and Urban Affairs, Johnson, Shelby Hail Committee Passage of Bipartisan Iran Sanctions Legislation (www.banking.senate. gov/public/index.cfm?FuseAction=Newsroom. PressReleases&ContentRecord_ id=3ECF9A86-FB47-F18A-EE14-1AA86D4A8B07). See also Robert Menendez press release, "Menendez hails banking committee passage of Iran sanctions legislation", 2 February 2012 (www.menendez.senate.gov/newsroom/press/menendezhails- banking-committee-passage-of-iran-sanctions-legislation).

70 Anonymous, "Swift sanctions on Iran," *Wall Street Journal,* 1 February 2012.

71 SWIFT press release, 2 February 2013.

72 SWIFT press release, 5 February 2013.

73 SWIFT press release, 17 February 2013.

74 Council Decision 2012/152/CFSP of 15 March 2012 amending Decision 2010/413/CFSP concerning restrictive measures against Iran, *Official Journal of the European Union,* 77/18, 16 March 2012; Council Regulation

(EU) No. 267/2012 of 23 March 2012 concerning restrictive measures against Iran and repealing Regulation (EU) No 96, *Official Journal of the European Union,* 88/1, 24 March 2012.

75 Personal email communication with Blanche Petre, 12 May 2013.

76 SWIFT press release, 15 March 2012. See also BBC, "Iran's banks to be blocked from global banking system", 15 March 2012 (www.bbc.co.uk/news/business–17390456); US Department of the Treasury, Statement by Under Secretary David Cohen on "Action by the EU and Swift to terminate service for sanctioned Iranian banks", 15 March 2012 (www.treasury.gov/press–center/pressreleases/ Pages/tg1451.aspx).

77 See PL 112–158 (http://www.gpo.gov/fdsys/pkg/PLAW–112publ158/html/PLAW–112publ158.htm).

78 "Swift–Q&A–Gottfried Leibbrandt."

79 Reuters, "EU Court rules for second time against Iran bank sanctions", 6 February 2013 (www.reuters.com/article/2013/02/06/us–iran–sanctions–euidUSBRE91514220130206); European Law Blog, "General Court rulings on Iranian banks threaten to torpedo EU's foreign policy ambitions" (europeanlawblog. eu/?p=1639); see European Court of Justice General Court cases T–494/10 (Bank Saderat Iran), 5 February 2013, T–496/10 (Bank Mellat), 29 January 2013.

80 US Department of the Treasury Office of Foreign Assets Control, "Advisory on the use of exchange houses and trading companies to evade US economic sanctions against Iran", 10 January 2013 (http://www.treasury.gov/resource–center/ sanctions/Programs/Documents/20130110_iran_advisory_exchange_house. pdf); Leila Hatoum and Nicolas Parasie, "Iran banks said to be skirting cash ban", *The Wall Street Journal,* 6 February 2013.

81 Personal email communication with Blanche Petre, 12 May 2013.

82 Ibid.

83 For further related discussion, see Jack Goldsmith and Tim Wu, *Who Controls the Internet?* (Oxford: Oxford University Press, 2008); see also

Darryl S.L. Jarvis, ed., *Infrastructure Regulation: What Works, Why and How Do We Know? Lessons from Asia and Beyond* (Milton Keynes: Oxford University Press, 2011).

84 The exclusion of Iranian institutions is now brought to bear on other news stories about SWIFT. For example: "What would happen if the world's largest electronic payment system suddenly stopped working at a large number of financial institutions in your country? That happened last month when 19 Iranian banks and 25 affiliated institutions were disconnected in an unprecedented move from the SWIFT network... While the 'outage' in Iran was deliberate, at 0200 local New Zealand time Wednesday, the SWIFT payment system into that country suffered a technical 'glitch' that significantly impeded its use, various New Zealand news media reported. The importance of SWIFT to a country's financial institutions can't be overstated... it is 'the glue of the global banking system'... SWIFT is as important in New Zealand as it is in Iran" (Robert N. Charette, "Faulty cable delays thousands of SWIFT payments in New Zealand," *Spectrum IEEE,* 26 Apr 2012; http://spectrum.ieee.org/riskfactor/computing/it/ faulty–cable–impedes–swift–payments–in–new–zealand).

85 Lázaro Campos (interviewed by Susan Scott and Markos Zachariadis [in person], La Hulpe, Belgium, 17 February 2012).

86 Lenny Schrank quoted in Microsoft's *OnWindows* online magazine: "Ten years ago the system could have had improvements operationally, but today it operates at 'five nines' reliability and our customers take that for granted. Also, ten years ago our prices were high, but today the average price for a SWIFT message is 70 percent less and continues to be reduced. And in this era of cost control that's very important to our members" (http://www.onwindows.com/ Articles/Leonard–Schrank—Swift/82/Default.aspx).

87 Lenny Schrank quoted in article by Tom Groenfeldt, "CEO repositioning Swift as market–driven", *American Banker,* 9 October 1996.

88 Lenny Schrank (interviewed by Susan Scott and Markos Zachariadis [in

person], La Hulpe, Belgium, 19 April 2012).

89 John Law, *Aircraft Stories: Decentering the Object in Technoscience* (Durham, NC: Duke University Press, 2002).

90 "Swift–Q&A–Gottfried Leibbrandt."

91 Robert C. Merton, "Financial innovation and economic performance", *Journal of Applied Corporate Finance,* 4, (4) (1992): 12.

92 A classic text on globalization and globality is Roland Robertson, *Globalization: Social Theory and Global Culture* (Thousand Oaks, CA: Sage, 1992); see also Zygmunt Bauman, *Globalization: The Human Consequences* (Cambridge: Polity, 1998); Malcolm Waters, *Globalization* (London: Routledge, 2001); Anthony Giddens, *Runaway World: How Globalization is Reshaping our Lives* (Cambridge: Polity, 2002).

93 Alec Nacamuli (interviewed by Susan Scott [in person], London, 14 May 2012).

94 See http://www.swift.com/assets/swift_com/documents/about_swift/SIF_2013_04.pdf . For further traffic statistics, see http://www.swift.com/about_swift/company_information/swift_in_figures .

95 See Rawi Abdelal, *Capital Rules: The Construction of Global Finance* (Boston, MA: Harvard University Press, 2007).

96 Thomas L. Friedman, *The World is Flat: The Globalized World in the Twentyfirst Century* (London: Penguin, 2007).

97 This expression refers to the move from traditional to rational forms of thought and in particular to the highly standard, rationalized production process that typifies the production of food in US McDonald's outlets. It has become a synonym for mind-numbing sameness. For an updated discussion, see George Ritzer, *The McDonaldization of Society: 20th Anniversary Edition* (Thousand Oaks, CA: Sage, 2012).

98 See Abdelal, *Capital Rules* .

99 See Robertson, *Globalization* : 186. A portmanteau word of global and local coined to convey an approach that attempts to simultaneously address the

needs and interests of both communities.

100 Lάzaro Campos (interviewed by Susan Scott and Markos Zachariadis [in person], La Hulpe, Belgium, 17 February 2012).

101 Interview with Lάzaro Campos, in Frances Maguire, "Relationship management at heart of Swift's new structure", *The Banker,* 1 October 2007. Maguire goes on to say "The organisation that Mr Campos oversees today is very different from the shared worldwide data processing and communications link established in 1973."

102 Pankaj Ghemawat, *Redefining Global Strategy: Crossing Borders in a World where Differences Still Matter* (Boston, MA: Harvard Business School Press, 2007). Ghemawat presents an analysis of data to support his argument that the real state of the world is one of semi–globalization rather than either zero or complete cross–border integration. He goes on to suggest that neither strategies of local customization nor total standardization will work. Instead he proposes strategies that focus on the differences that arise between national borders and the bridges that cross them.

103 Gottfried Leibbrandt (interviewed by Susan Scott and Markos Zachariadis [in person], La Hulpe, Belgium, 21 December 2011).

104 Lάzaro Campos (interviewed by Susan Scott and Markos Zachariadis [in person], La Hulpe, Belgium, 17 February 2012).

第6章 结论

SWIFT诞生到本书写作之时已有40年的历史了[1]。在这40年中，它极大地改进了银行交易及证券业务架构的核心基础设施，成为全球银行界最著名的标准研发机构，它的信息报文标准已经渗透到全球金融信息的每个角落。任何参与过不同货币跨国支付（不管是为公司业务，还是为生活在国外的家人或朋友）的人，都因为使用了SWIFT的服务而获益。依靠99.999%的可靠性（被称为SWIFT的“5个9文化”），这个合作组织向市场提供着极其稳定和高效的金融服务基础设施以及世界上最值得信赖的第三方服务系统，就像人们经常能在它具有鲜明特色的故事中听到的那样。

出于对系统安全的担心，SWIFT在这40年的大部分时间里一直尽量远离大众视线。人们如果在互联网上搜索“SWIFT”，搜索结果大多会显示女歌手泰勒·斯威夫特（Taylor Swift）而不是作为全球交易基础设施核心的这个合作组织。其结果就是SWIFT常常被认为是从来就有、理所应当的、金融大厦管线一类的东西。新生代的金融服务从业人员倾向否认SWIFT在平台技术上取得的成绩，而有些传统的银行从业者也不认可它在新产品和服务开发过程中所付出的努力。本书的主要目的就是向读者介绍SWIFT复杂和多个线条的机构发展史并探讨它被卷入的那些复杂事件。将这些信息搜集在一起并分享给读者，我们希望能改变那种认为SWIFT仅是金融服务行业“后台系统”的流行观念。

让我们回到将SWIFT称作“万花筒”的提法，我们已经看到在围绕其核心机制（合作组织机构形式）建立的可能范围内，SWIFT已在金融领域普及了它的操作和程序。虽然管理方式为SWIFT提供了明确的动力，但它不可避免地会受到多重具有不同机构经历且相互作用不同影响的干扰。在目前的全球化进程中，国际机构内部和外部环境的界线不是自然存在的而是需要通过谈判确定的。最近的一些事件（恐怖分子资金追踪计划、制裁伊朗的法案等）生动地说明了这种情况，它们直接冲击着作为全球服务机构的SWIFT及其核心管理价值。正像参与我们这个项目研究的人员不断强调的，SWIFT是被被动地拖入了一个现在才刚刚开始的故事中。我们并没有将SWIFT仅仅看作独立的组织，我们一直将它放入一个更大的历史背景下进行审视以便能更好地理解它的历史及贡献。在这个结束章节内，我们希望能先停一下我们的讨论以便标注出SWIFT全球管理的发展轨迹。

第二次世界大战后，本以为国际组织（比如联合国）可以通过建立统一规范程序在解决国际问题方面能起主导作用。但正像一些国际事务学者指出的，这些国际组织多是承诺得多，兑现得少，最后无不被卷入因殖民帝国的瓦解和美国影响力的相对下降所引起的纷争之中[2]。相对于这些国际组织，SWIFT是另外一种不同形式的国际合作组织，它在寻找一种更加可行，没那么大的秩序管理野心，接受稀缺的现实和躲开对美国这个强权的依赖的发展途径[3]。它是那个年代私有企业机制的一部分，而目前的世界管理模式依然依靠这个机制，这就引发了一个关于什么样的政治组织可以用来管理这个世界的道德争论[4]。这个问题比乍看它时复杂得多。就像我们在第5章讨论的，类似SWIFT的国际组织发现它们被同时用来作为资本主义的“凝聚器”和强制制裁时的“大棒”。

全球性机构各有不同，但我们可以从围绕着市场对其具有高依赖性的私营机制的诸多带有共性的争议中，找到SWIFT面临一系列问题原因的一些蛛丝马迹。我们在第1章介绍过，SWIFT是在金融服务公司通过成立“俱乐部”来安排一些集体市场行动的年代成立的。虽然在成立初期，它的初期投票和代表安排采用了“不得罪人”的合作模式（即一个会员一票，不管你使用多少SWIFT报文服务），但它还是具有一种不那么民主的味道（虽然这种味道被初创期企业独特的文化中和了不少）。渐渐地，会员的大门被撬开，定价机制被修改，盈利管理被收紧，一个更加商业化的管理模式替代了原来的管理模式，开始根据多层次及民主原则建立的合作管理模式被不知不觉地改变并由此开启了新的责任管理机制。不同的SWIFT管理模式提示着我们，仔细研究其他国际组织的发展史非常重要。

在SWIFT的发展史中，对全球业务管理重要问题的讨论包括：对程序的猜测和什么样的关系能让会员步调一致地采取行动；权力平衡问题；建立在自愿基础上的共识问题；艰难的谈判问题；由不安全的国际环境产生的焦虑问题；数据管理问题以及通过司法程序跟政治议题保持距离的问题。所有这些都发生在国家间、区域间及地区内不同利益集团之间非常复杂和不断变化的关系环境之中。对那些处在跟SWIFT相似地位组织的研究可以帮助我们发现用来定义可能的国际管理选项、想法、设想及机制。总之，这类案例分析对我们了解国际关系运筹和支持发展选项以协助政策制定者、学者和从业人员讨论国际问题的本质以及现实中处理这些问题的机制有很大帮助。

我们不知道SWIFT的活力是否能让它继续保持全球性机构的头衔。但我们确信它不会放松对目前关于它是什么和谁在控制它争论的管理。从学术的角度，我们想说这正是机构架构永远不会稳定并且会受到社会、经济及政治机构影响的一个案例。换句话说，围绕着SWIFT的争论提醒着我们这句话："什么事都有可能发生。"同时，关系不是给予的而是争取来的。这并不是说SWIFT应该被动地任由国际事务摆布，完全不是。作为一个成熟的社会合法组织，它所服务的金融服务行业有能力参与构建它自己的营商环境而不仅仅是对它所处的营商环境作出反应[5]。我们从很多SWIFT在发现需要改变的区域后开始研发新的服务和产品（比如，制裁审核、多重认证、生态考量、消费者组群项目、合作创新）中，已经发现了支持我们这种观点的论据。

SWIFT是一个引起了大量机构关注和兴趣的组织，我们对它的介绍只涉及它发展史中的重要部分。的确，全面完整地介绍它也不是我们的目的。我们对商业史的兴趣促使我们在分散的信息渠道中仔细搜集信息，以为我们了解这个课题的历史内容、条件及背景的研究建立一个框架。我们一直努力在不同的档案材料、定量数据库、研究采访及行业渠道中找出具有代表性的信息，然后进行取舍。采访让我们可以对发生的一些事有身临其境的感觉，但需要特别指出的是，介绍类似SWIFT这样一个有广泛用户群的全球性机构，只单单介绍某几个人的作用是远远不够的。首先，由于现实的原因，我们不可能采访所有在过去40年的时间里对覆盖多个金融服务领域的SWIFT的发展作出过贡献的人。其次，只有通过对SWIFT机构业务做范围更广的研究而不是只聚焦某些人的职场经历，才能更好地了解那些在这个机构里工作（或是被这个机构培养）的从业人员[6]。

我们一直有选择性地而不是系统性地在这本书里使用学术信息，这是因为我们的主要目的是向读者介绍我们对SWIFT详细的经验性理解。我们使用了一个比较特殊的分析方式，即在合适的地方，我们会在介绍SWIFT内部情况上停一下，以将它历史上的特殊节点跟学术讨论联系起来。这么做，可以使我们强调一些范围更大的、更有趣的问题和议题。我们希望通过在了解背景情况的条件下对我们能够获得信息的进行解释，以完成对这个全球机构独立的研究，我们相信这对不了解SWIFT的门外汉、学生、政策制定者及初级从业人员都会有所帮助。什么是我们没有涉及的？虽然我们研究了大量的文件资料，但我们没有在国家用户组群上花时间，我们也没有旁听过委员会或董事会会议。我们也没能参加SWIFT国际银行业务研讨会或创新社区（Innotribe）研讨会[7]，虽然我们通过视频和网站对它们进行了深入的研究。虽有争议，但这些研讨会是SWIFT发起和参与的行业讨论的重要平台，研究者对这些平台进行更加细致的研究非常有价值，因为从这些研究中获取的信息可以帮助我们更好地了解SWIFT是怎么工作的。我们承认没有开展这项工作是本书的一个短板。

今后会发生什么？SWIFT的历史可以大致分为4个阶段：成立合作组织和获得关键用户群；发展信息报文标准及增加报文业务量；扩大会员行业范围（以包括证券行业、基建行业及公司财务）；以及调整以适应当下特殊的全球化（地区化、地缘政治、快速连接及网络经济）环境。制定机构战略需要以事实为依据，虽然对企业的业绩分析现在很常见，但我们还不知道怎么才能发明一种能够评估基础设施如何对生产力和创新作出贡献的方法。这是今后进一步研究所需要做的工作。

从声誉的视角来看，没有几个企业能依靠过去的业绩来确保它们今后在股东心目中的位置，特别是全球性企业不要忘记它们永远需要积极培植与股东的信任关系。确实，我们认为国际企业需要跟其股东不断发展一种被称作“积极信任”的关系，这种信任不是理所当然的“给予”而是需要通过相互学习、对话和证明来争取的。我们前面介绍过，出于安全考虑，SWIFT在过去选择尽量远离公众视线。但这在现在不断变化的跨境通信的互联网时代已不太可能了。就通信来说，SWIFT国际银行业务研讨会目前已经成了严肃讨论业务问题的平台，通过这个平台银行高管人员也可以聚在一起解决业务中出现的问题。为加强SWIFT这个合作组织在国际上的重要地位，最近SWIFT的一些项目，比如创新社区或SWIFT研究所项目[8]在宣传具有合作性质的SWIFT是全球连接纽带，能够提供独特知识和资源方面做了大量的工作。通过支持公众可见的研发项目，SWIFT也在采取一项重要措施以遵守监管部门提出的所有金融服务机构需要“认识自己”的要求。虽然合作这种机构组织形式还会被不断地拿出来讨论，但它们“知识中介”的作用和对在一个开放的环境下开发项目的需求将会继续存在。营利型企业可能会抱怨合作型机构的发展速度，但当让它们实施能够普惠企业内关键群体的这种方式时，它们又会止步不前。一个具体的计划在准备阶段需要保守秘密以便能为公司股东共同的利益开发产品或服务，这很重要，有时甚至很关键。就这一点来说，SWIFT特有的集体参与特点在新产品或服务概念交流方面起着重要的作用，虽然不能确定最终的结果并且这种作用也常常会被忽略，但它非常关键。

SWIFT在行业中的核心地位意味着不管它是成功还是失败的，都一定会招致批评。没有一个组织能永享太平时光，就像温斯顿·丘吉尔说的：“成功不是最终结局，失败不是致命灾难，继续努力的勇气才是最主要的。”[9]换句话说，在战争和暴力之外，没人会因一次失败而死去。相反，放弃超越预期的不断努力才会可能导致毁灭。小的失败是学习过程不可或缺的一部分，只有不断学习才能不断进步，可能这才是全球业务管理唯一可行的方式。

Notes

1 SWIFT celebrated its 40th anniversary on 3 May 2013.

2 Timothy J. Sinclair, *Global Governance* (Cambridge: Polity, 2012): 29.

3 Ibid., 29.

4 For further reading on the global governance debates referred to here, see the following: Sinclair, *Global Governance* ; Thomas G. Weiss, *Global Governance.Why? What? Whither?* (Cambridge: Polity, 2013); Rorden Wilkinson, ed., *The Global Governance Reader* (London: Routledge, 2005); Helmut Willke, *Smart Governance: Governing the Global Knowledge Society* (Chicago, IL: University of Chicago Press, 2007).

5 This approach was inspired by Christopher Grey's organizational history of signals intelligence work during World War II in *Decoding Organization: Bletchley Park, Codebreaking and Organization Studies* (Cambridge: Cambridge University Press, 2012): 255.

6 Ibid., 246.

7 SWIFT's Innotribe is described as follows: “Innotribe is SWIFT's initiative to enable collaborative innovation in financial services. We facilitate mould–breaking conferences, an incubator program for new industry solutions and an annual, global start–up competition. The common thread? The enormous power of ideas. Read ours, share yours and join The Tribe.” (http://innotribe.com/).

8 The SWIFT Institute was founded in April 2012. Its core objectives are to: "Extend understanding of current practice and future needs in global financial services, with a particular focus on transaction banking. Foster independent research by giving grants, access to research data and publication opportunities for approved projects. Act as a catalyst for bringing the SWIFT community and academics together to explore ideas, share knowledge, and extend mutual understanding. The primary focus of the SWIFT Institute is transaction banking, covering the following areas: Payments; Clearing & Settlement; Cash Management; Trade Finance; Trust & Securities." (http://www.swiftinstitute.org/about-us/) A further research resource that has been made available is the SWIFT Index-a range of proprietary fact-based indexes that can be used to derive an early indication of the short-term evolution of the Gross Domestic Product (GDP) for a country or group of countries (http://www.swift.com/swiftindex).

9 We have borrowed this quotation from the editorial of a special issue on not-forprofit financial institutions by Bernardo Bátiz-Lazo and Mark Billings, "New perspectives on not-for-profit financial institutions-organizational form, performance, and governance", *Business History* , 54 (3) (2012): 309-24.

推荐读物：

Technological Innovation in Retail Finance: International Historical Perspectives, 作者：Bernardo Bátiz-Lazo, J. Carles Maixé-Altés 和 Paul Thomes。

A History of Telegraphy: Its Technology and Application, 作者：Ken Beauchamp。

Financial Markets and Organizational Technologies: Systems Architectures, Practices and Risks in the Era of Deregulation, 作者：Alexandros-Andreas Krytsis。

The International Organization for Standardization (ISO) : Global

Governance through Voluntary Consensus, 作者: Craig N. Murphy 和 JoAnne Yates。

Plumbers and Visionaries: Securities Settlement and Europe's Financial Market, 作者: Peter Norman。

Payment Systems: From the Salt Mines to the Board Room, 作者: Dominique Rambure 和 Alec Nacamuli。

Electronic Value Exchange: Origins of the Visa Electronic Payment System, 作者: David L. Stearns。

参考网站:

www.swift.com.

www.iso.org/iso/home.

http: //www.iso20022.org.

http: //www.iso15022.org.

www.fatf–gafi.org.

www.sita.aero/about–sita/what–we–do/sita–history http: //www.swiftuk.org.uk.http: //eng.rosswift.ru.

http: //www.swift–switzerland.ch.

译后记

SWIFT这个过去鲜为人知的全球支付信息系统已在10年前由于地缘政治的原因被推到公众、政府及各种国际组织面前。虽然SWIFT不直接参与任何国际交易，但它每天几千万份，每年几十亿份涉及全球贸易、投资、财务的信息报文足以影响资金在国际的转移速度和质量进而影响着国际贸易、投资甚至地区和世界经济。虽然这些报文涉及的累计金额从来没被披露过，但人们相信10年前这些信息报文平均每天涉及的金额就已经超过7.7万亿美元，这个数字接近美国国民生产总值的一半，或英国国民生产总值的3倍。从这个意义上讲，SWIFT在过去的40年间不但是全球化的受益者，同时也对全球化的发展起到了促进和推动作用。

到目前为止世界已经历了2次全球化过程，支撑全球化的一个基本信条就是“被贸易经常光顾的边界是不太需要士兵的”（Borders frequented by trade seldom need soldiers）。译者认为这句话应该改成：被公平和可持久贸易经常光顾的边界是不太需要士兵的（Borders frequented by fair and sustainable trade seldom need soldiers）。但伴随着过去10年世界政治的剧烈变化，全球化出现了被逐渐淡化的趋势。作为全球金融行业主要信息报文系统的SWIFT不但被卷入了复杂的国际政治漩涡，同时也不得不在新的全球运营环境内对其战略、产品及服务作出调整。没人知道全球化的未来是什么，但有一点是可以肯定的：作为全球金融行业核心基础设施的SWIFT不但将会面对一个跟过去几十年完全不同的全球市场环境，同时它的合作组织机构形式也会在一定程度上受到挑战。

为帮助国内读者更好地了解SWIFT这个全球支付核心基础设施，现将本书译成中文。希望*SWIFT*中译本能为国内读者更全面了解这个全球支付信息报文系统以及国际政治对这个系统和全球化的影响提供一些参考和借鉴。

本书的翻译受到中国财政经济出版社国际合作出版中心编辑的大力支持，在此一并表示感谢。

孙京雷

2023年12月28日